木地屋幻想

紀伊の森の漂泊民

桐村英一郎

七月社

木地屋幻想

紀伊の森の漂泊民

＊目次

まえがき

「熊野には、山の漂泊民がよく似合う」

その著『富嶽百景』で「富士には、月見草がよく似合ふ」と語った太宰治ふうに言えば、そうなろうか。

紀伊国《きのくに》は「木の国」でもあった。太古の火山活動が造った山塊が海岸まで迫り、稲作に適した平地は少ない。紀伊半島の真ん中に位置する「果無山脈《はてなし》」の名の通り、深い山々と森林がそこを奈良や京都の都から隔ててきた。

熊野という地名は「クマ」と「ノ」からなる。その由来には諸説あるが、「奥まったところ」「へんぴなところ」を意味する「隈《くま》」に傾斜地を表す「野」が付いた地名という解釈が、私の実感である。

山中の漂泊民には木地屋《きじや》（木地師）、農具の箕《み》を作ったり川魚を里人に売ったりするサンカ、タタラを踏んで製鉄をする踏鞴師《たたらし》などが挙げられるが、紀伊・熊野の山中に多かったのは「木の国」にふさわしい木地屋たち。すなわちトチ、ブナ、ケヤキ、ミズメといった木を刳《く》り抜いて椀《わん》や盆、杓子《しやくし》などを作った職人だ。一か所に定住せず、良木を求めて家族や小グループで移動した。

彼らが盛んに動き回ったのは近世だから、もはや山中に分け入ってもその姿を見ることはできない。いまあるのは、古老や祖父母が耳にした話や、墓石や位牌などそのかすかな痕跡だけである。

だが、記録に乏しく痕跡も少ないとなると、かえって知りたい、息遣いを感じたいと思うのが人情だ。それは去った者たちへの郷愁かもしれない。

熊野に暮らして十年目。これまで私はその古代の様相や黒潮が運んだロマンを探求してきたが、ぐっと時計の針を進めて、各地に木地屋の面影《おもかげ》を追った。

第一話　小椋谷再訪　木地屋の心のふるさと

一　故郷でろくろを回す日々

木地屋（木地挽《きじびき》、木地師、轆轤師《ろくろし》などともいう）は、山中に暮らし木を刳り抜いて椀や盆、杓子などを作る職人をさす。江戸時代が最盛期で、明治、大正まで紀伊の森でも活躍した。彼らの心のふるさとは「小椋谷《おぐらだに》」、現在の滋賀県東近江市の蛭谷《ひるたに》と君ケ畑《きみがはた》である。その理由はおいおい述べるとして、このエッセーを、私が二〇一九年七月二十九日に小椋谷を再訪したところから始めたい。

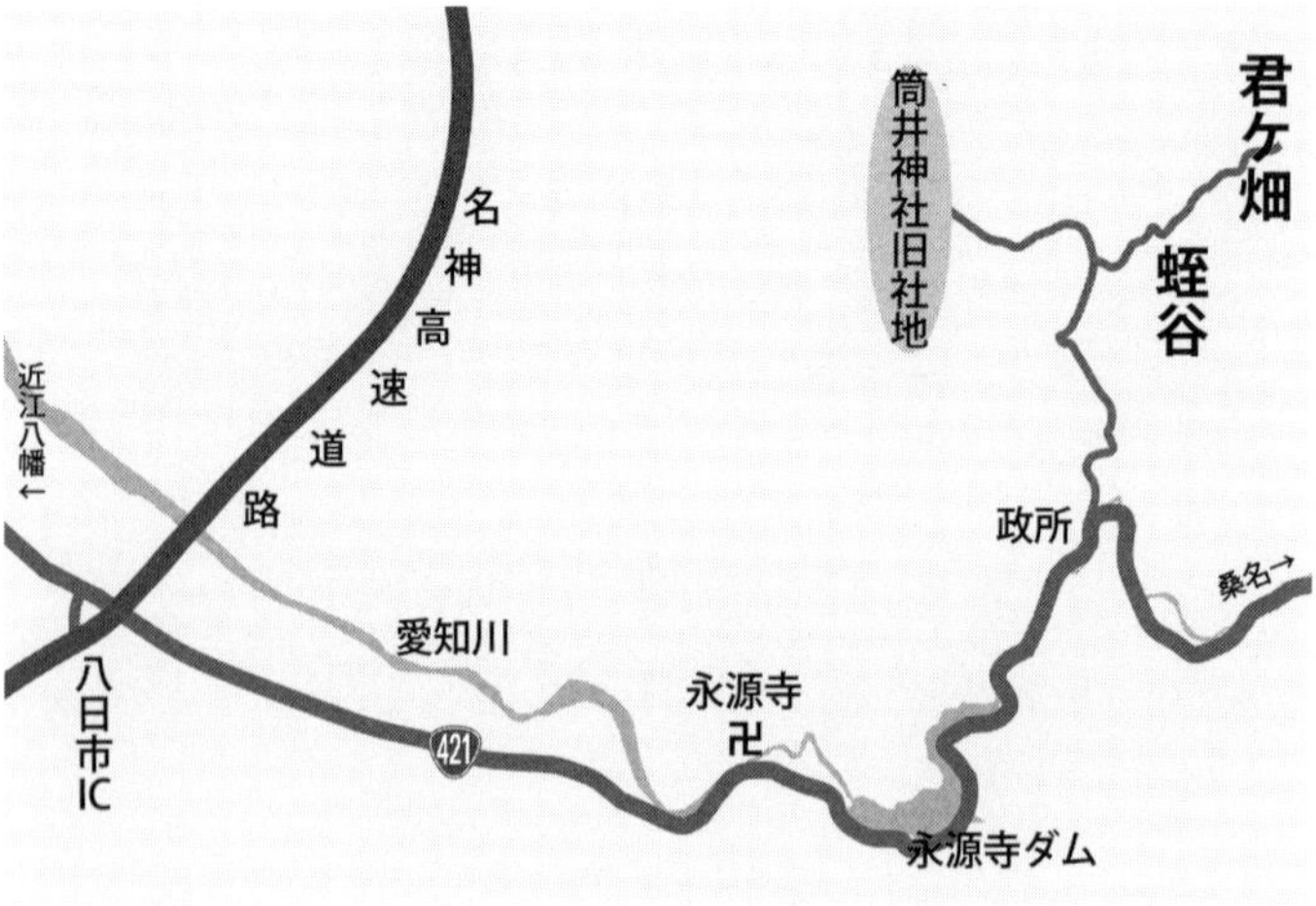

名神高速道路を八日市インターでおり、国道四二一号を東に走る。紅葉で有名な永源寺を過ぎ、政所《まんどころ》という場所から鈴鹿山系の山道に入る。愛知《えち》川の支流、御池《おいけ》川に沿った蛭谷、さらにその奥の君ケ畑あたりを小椋谷と呼ぶ。小椋昭二氏（昭和二十六年生まれ）の「ろくろ工房　君《きみ》杢《もく》」は標高四百四十メートルの君ケ畑にある。

小椋氏に会うのはこれで三回目。最初は二〇〇六年四月八日で、悲劇の主人公たちにスポットをあてた新聞連載に惟喬《これたか》親王を取り上げ、彼が隠棲《いんせい》したと伝えられる小椋谷を取材したときだった。

惟喬親王は、第五十五代文徳天皇の第一皇子として承和十一年（八四四年）に生まれた。母は豪族、紀氏の出身だった。天皇は惟喬をかわいがったが、藤原氏の有力者藤原良房の娘を母に持つ義弟の惟仁《これひと》親王（後の清和天皇）が皇太子になったため、皇位継承を逃した。
惟喬親王は各地を転任し、病のために出家して京都・小野の地に住み小野宮を号した。寛平九年（八九七年）に五十四歳で亡くなった。陵墓は京都市左京区大原上野町にあるが、これから述べるように「木地屋の祖」と崇《あが》められたことなどから、日本各地に「墓」が点在する。

二度目の小椋谷訪問は二〇一二年九月十六日だった。この時は蛭谷の出身で、後に東近江市長になる小椋正清氏に現地で偶然お目にかかった。

そんなところでコツコツ、盆や菓子器を作ってきた小椋昭二氏は二〇〇六年当時は五十五歳、黒髪がふさふさしていた。十三年前と比べて髪に白さが目立つが、年齢の経過はお互い様だ。
「ここで生まれ、兄の製材所を手伝っていたが、二十五年前にこの仕事を始めました。愛知県の足助町《あすけちょう》に住む職人から数日、手習いしたけれどほとんど自己流。ここのケヤキや

君ケ畑の作業場で電動轆轤を回す小椋昭二氏

トチが少なくなったので岐阜県からトラックで買い付けていましたが、五年前に心筋梗塞で一時入院して以来、買い付けに行っていません。もっとも原木は手持ちがたくさんあり、その必要もありませんが……」

独り暮らし。体を気遣ってのんびりやる、と言いながら、前にうかがった頃と比べてランチョンマット、宝石箱、うちわなど製品の種類は増えた。東近江市の「ふるさと納税返礼品」にも頼まれるそうだ。といっても一点万単位のお値段。たくさん売れるわけではない。「収入はしれているけれど年金もあるし、なんとかやっていければいいですよ」と昭二氏はいたって欲がない。

別棟の作業場には丸く木取りをした材料がうず高く積まれている。その形で最低五年干した後、だいたいの型を取る荒削りをして更に一年乾燥させてから電動の轆轤に固定し、先に刃のついた鉄棒（カンナ）で削る。

実際の作業を見せてもらった。轆轤に取り付けた木を正面から削る「正面挽《びき》」と横からの「横挽」という二種類のやり方があり、地域によって異なるというが、彼は「正面挽」でやってきた。

ここで生まれ、木地屋特有の姓を持つのに「伝統を受け継ぐ」といった気負いのないところがいい。「そんなことを言ったら、ちゃんとした人について、伝統のやり方を守らなければならなくなる。堅苦しいのはいやです」

今、十六軒に二十人ほどが暮らす君ケ畑集落には惟喬親王がそこに住んだという金龍寺（高松御所）、親王を祀る大皇《おおきみ》器《き》地《じ》祖《そ》神社（旧大皇大明神）、そして親王の御陵がある。

小椋昭二氏と別れた私は、道を引き返し蛭谷地区の木地師資料館を訪ねた。文化の維持保全のため旧永源寺町が一九八一年に建てた施設で、蛭谷の筒井神社の境内にある。

最初の訪問時に応対してくれた小椋正美氏（昭和六年生まれ）は資料館の生みの親で、長年その管理にあたってきたが、五年ほど前に亡くなった。現在は神社のすぐ下に実家があり、滋賀県豊郷《とよさと》町からときどき里帰りするという小椋重則氏（昭和二十一年生まれ）が自治会長の傍ら管理を引き受けている。

「私の先祖は筒井神社の関係者だったと聞いています。市長の小椋正清さんとは親戚です。各地の木地屋を取り仕切った筒井八幡宮（筒井神社）はもともとここからさらに上った筒井峠にありました。『筒井千軒』といわれたから、往時は結構にぎわったのでしょう。いま蛭谷は、こちらに移住して昭二さんと同じ仕事をしている北野清治さんを除けば、常時住んでいる人はいません」。重則氏は少し寂しそうにこう語った。

筒井峠の旧社地にも惟喬親王の御陵と称する石塔があった。小椋谷だけで二つの墓所。ほかにも「親王のお墓」は各地に数多くあるそうだ。信奉者たちは自分たちの地に「お墓」を持ってこないと気が済まないらしい。

二階建ての資料館の展示品はなかなかのものだ。

まず氏子《うじこ》駈帳《がけ》。君ケ畑（高松御所と大皇大明神）や蛭谷（筒井八幡宮と帰雲庵）は近世、競って氏子狩《うじこがり》（氏子駈）を各地に派遣した。氏子料や初穂料のほか、烏帽子着《えぼしぎ》（成人式）、直衣途《のうしど》（仲間入り）、官途成《かんどなり》（改名すること）の費用など、なんのかんのと名目を付けて木地屋から金銭を集めた。その集金台帳である。

蛭谷の氏子駈帳は正保《しょうほう》四年（一六四七年）から明治二十六年（一八九三年）の分が三十四冊、君ケ畑の氏子狩帳は元禄七年（一六九四年）から明治六年（一八七三年）までの分が五十三冊残っており、その一部が展示されている。氏子狩（氏子駈）帳は『永源寺町史』（木地師編上下巻、二〇〇一年）として刊行された。合戦、災害、火災などで古文書が失われる中、貴重な史料といえよう。

木地師資料館ではほかに、木地屋の由緒を示し、どこでも通行してよいというお墨付きを与える天皇の綸旨《りんじ》、時の有力者の免許状、往来手形などの展示品も興味深い。ことの真偽はともかく、筒井八幡宮（筒井公文所《くもんじょ》）や高松御所への寄進の見返りに木地屋たちがもらったこれらの文書は彼らの「パスポート」であり「戸籍謄本」でもあった。その多くは、この手の文書によくあるような偽書かもしれない。だがそうであっても、喜んで受け取る人たちがおり、それらが実際に通用したのなら意味はあったというべきであろう。

木地師資料館に展示されている「手挽きロクロ」

資料館の展示品で私が一番注目したのは「手《て》挽《び》きロクロ」である。木地を端に据え付けた木軸に縄が巻きつけられ、一人が縄を引いて軸を回し、もう一人がカンナで木地を削って製品に仕上げる。惟喬親王が法華経の軸が回ることから轆轤を思いつき、里人に伝授したという伝承を想起する素朴な製品だ。

この手挽きロクロは地元の物ではなく、秋田県雄勝《おがち》郡で使われていたとの説明がある。「展示の文書は蛭谷のものですが、工作の道具類は全国からの奉納品です。蛭谷に木地職人はほとんどいなかったからではないでしょうか」という小椋重則館長の言葉が耳に残った。

二　利害が合ったシステム

歴史にはファクト（事実）とフィクション（創作）が入り組んでいる。人びとの祈り、思惑、権謀術数《けんぼうじゅっすう》などがそこに詰まっているからだ。時の波に洗われるうちに、フィクションがファクトとして定着することもある。木地屋の歴史も例外ではない。

この国に轆轤をもたらしたのは、木地屋が祖と仰ぐ惟喬親王ではなく、秦《はた》氏ら渡来人であろう。奈良時代の正倉院文書や律令制度の施行細則である平安中期の延喜式《えんぎしき》に「轆轤工」という職制が載っている。

轆轤を使った製品として有名なのは百万塔だ。奈良時代後期、称徳女帝の発願《ほつがん》によって作られた百万基の小さな木製三重塔である。平城京周辺の十大寺に配られたが、残っているのは法隆寺の数万基だけ。百万塔は渡来人の指導の下に大量生産されたと思われる。

轆轤工は当時の先端技術者だった。百万塔を作ったのは朝廷お抱えの集団だったようだが、ほかに有力社寺や貴族に仕えていた職人もいた。彼らは律令制度の崩壊によって職を失い、各地に分散していった。

寺院建築や百万塔などには多くの木材が必要だった。このため森林資源の豊かなところに「山作所《さんさくしょ》」が設けられた。そこには伐採、加工、木工などの職人も詰めていただろう。近江国にもいくつか「山作所」が設けられた。社寺の造営が衰えれば彼らの仕事も少なくなる。

各地を丹念に回った民俗学者宮本常一は、その間の事情をこう記している。

〔百万塔の製作に〕携わったろくろ工はおよそ四〇〇人であっただろうと推定されている。このような工人たちの拠点となっていたものは奈良を中心とした付近の山地で、東大寺建立《こんりゅう》にあたっては田上山作所、甲賀山作所、伊賀山作所、田上大石山、高島山、立石山などで木材がとられ、その木材がそのまま川や湖を利用して奈良に送られるものと、小さな細工物は現地で加工して送られるものとがあった。したがって山作所(杣《そま》)のあるところには木工の工人たちが多くいたはずであり、その中にはろくろを用いる者も含まれていただろう。

さて律令国家が権威を持ち、社寺造営などの事業が相ついでおこなわれている間は、そうした工人たちが生活をたてることとの仕事があったであろうが、十一世紀以降、律令制度がおとろえるにつれて政府の力を中心にする社寺造営が下火になって来ると、それに伴う工人たちの仕事も減り、新しい働き場を見つけざるを得なくなる。それが、民衆の必要とする膳・盆・鉢・椀・皿のようなものの作成ではなかったかと考える。

（「木地屋の漂泊」、『山と日本人』八坂書房、二〇一三年所収）

（［　］は筆者による補足・注記。以下同じ）

宮本の推測するような経過を経て、小椋谷周辺にも轆轤工や木工職人が集まって来たのではなかろうか。

では惟喬親王伝承はそれにどうかかわるのだろうか。

この貴種流離譚《きしゅりゅうりたん》がいつごろ伝えられたものかわからないが、江戸時代に蛭谷の筒井八幡宮の神主を務めた大岩家が親王伝承や氏子駈（氏子狩）制度の宣伝、普及に大きな役割を果たしたことは間違いあるまい。中でも十七世紀後半の人物で三十三代の大岩助左衛門重綱は智恵者だった。各地の木地屋たちは筒井八幡宮の氏子であるとして、彼らを束ねる「統制システム」を構築したのである。

大岩家はその家系図によれば惟喬親王の家臣、藤原実秀《さねひで》が小椋姓を賜って蛭谷に住み着き、途中で大岩姓に変わった。助左衛門重綱は『名寄《なよせ》』『大岩助左衛門日記』『愛智太山草《えちのみやまぐさ》』の三部作によって自説を固めた（丁野《ようの》永正著『永源寺おぐら谷　木地師慕情』サンライズ出版、二〇一八年）。

筒井八幡宮では氏子たちが一年交代で神主を務めてきたが、たびたびの帰郷は難しくなって常神主制に変わった。木地屋の歴史に詳しい橋本鉄男氏は「氏子狩の体系《システム》は、彼らの社会に固有する宗教感覚や特異な連帯観念を、当時の経済的な情勢の変化にたくみに調和させた、蛭谷側の天才大岩氏の企図によって確立されていったものらしいのである」と述べている（『木地屋の移住史』第一冊、民俗文化研究会、一九七〇年）。

とはいえ、惟喬伝承も氏子狩制度もそれを喧伝《けんでん》する小椋谷側の利害や意向だけでは長続きしなかっただろう。皇族を祖に持つという誇り、各種のお墨付き文書や通行手形などの効力、同じルーツを有するとの連帯意識があったからこそ、全国に散った木地屋たちもその言い伝えを信じ、システムを受け入れて奉納金を差し出したのである。つまり一連の小椋谷伝承は「朝廷や社寺お抱えの木工職人が各地に散った」というファクトに「轆轤の技をお教えになった惟喬親王は小椋谷で亡くなった」などのフィクションを巧みに組み合わせた「共同幻想」だったといえまいか。

いや過去形で語るのは適当ではないかもしれない。現在も全国から小椋、小倉、大蔵姓の人たちがルーツを訪ねてやってくるし、木工、金属加工、塗物などの関係者も参拝に来る。そのロマンは生きているのである。

君ケ畑の大皇《おおきみ》大明神（現・大皇器地祖《きじそ》神社）と曹洞宗の金龍寺、蛭谷の筒井八幡宮（現・筒井神社）と臨済宗の帰雲庵が、それぞれタッグを組んで盛んに各地に出向いた江戸中期以降、小椋谷は「木地屋の里」というより「木地屋の元締めの拠点」となった。木地師資料館の小椋重則館長が「ここに木地師が使った道具類はなく、すべて全国からの奉納品です」と語ったのには、そんな背景がありそうだ。

小椋館長と小椋正清東近江市長の実家は筒井神社境内のすぐ下にある。近世はともに「元締め側」の家系だろう。

事情は「生まれ育ち君ケ畑」という小椋昭二氏も同じ。彼の父方は大蔵姓、母方は小椋

君ケ畑の大皇器地祖神社（上）と金龍寺（下）

蛭谷の筒井神社（上）と帰雲庵（下）

姓。母は女ばかり六人の長女で、逆に男ばかりという父親が、製材所をしていた小椋家に養子に来た。

「我が家は明治二十六年（一八九三年）に最後の氏子狩に奥州方面に出かけた小椋亀次郎の親戚筋です。彼は林業家でした」と昭二氏は語る。つまり昭二氏の祖先も近世は木地屋を束ねる側に所属していたようだ。私はそれを知る前「木地屋の血が流れていることを感じますか」なんて、やや的外れの質問をしてしまった。

橋本鉄男氏は、明治七年（一八七四年）に君ケ畑で生まれた小椋亀次郎翁が亡くなる直前（当時八十五歳）に貴重なインタビューをした。その抜粋をこれも『木地屋の移住史』から紹介したい。

明治二十六年といえば、ちょうどわたしが二十才を迎えた春の事でしたな。十才年長の野瀬兵七ツァンと二人で行きました。四月五日に立ちました。最初は福島県の湯小屋というところへ行きました。そこは五、六十戸の村でした。あの辺りには何々小屋というところが多く、温泉がまたいたるところに湧いていました。

白河まで汽車に乗って行き、そこから廻りはじめたのです。つぎからつぎと山越しに行きました。本道を行くと三里も四里もある遠い所でも、間道を行くと近いものでした。四月というのに山々にはまだ雪が残っていました。木地屋の村は随分とありまして、三十位も訪ねました。だいたいわたくしたちの順廻は近いころは奥州へ行きましたものです。先に行ったところへ行かなければ、自然なじみがうすかったからです。

湯小屋へ行きましたら、ちょうど木地挽きをしている家が十五軒ほどありました。お椀やお盆を挽いている他は、木地屋とはいいませんでしたな。あれが轆轤というんですか、随分ざっとしたものでやっておりました。こちらに木地屋が無かったので珍しかったものです。もう一月も行ったら嫌になりましてな。苦しかったことというては、もうどんなことがあっても木地屋なんぞにはなりたいと思いませんでした。

帰って来たら、大きな虱《しらみ》が襦袢《じゆばん》についていて、母親がびっくりして、「奥州の虱は色が違う」といって笑っておりました。

方々を廻ってから戻って勘定を済ませたら、残りはいくらもなかったもんです。だいたい志《こころざし》だけ集めたんですが、その当時で一円くらいが多かったもんです。それも台帳には一円と書かなければ他に見栄が悪いといって、実際にはそれだけくれないものがあったわけです。

高松御所御用の御札を持って行きました。それを持たないと信用をしてくれなかったものです。昔は大きい金の十六菊の付いた両掛《りょうがけ》［旅行用の行李《こうり》の一種］を持って行ったのですが、わたしらの時には、菊の紋がむずかしかったので持って行っておりません。

普通の宿にはとまれませんので、普通の宿にとまりたくてうずうずしました。木地屋は山住みで、生活程度が話にならないくらいに低かったものですが、こちらでは食べられなかった鮭の切り身をよばれて、それだけはそれはそれはうまかったことを忘れることはできませんでした。

第二話　大皇神社　小倉姓で固める

三重県大紀《たいき》町崎《さき》というところに惟喬《これたか》親王を祀る大皇《だいこう》神社があると本で知った。地図を見るとJR紀勢本線の伊勢柏崎駅のすぐ近く。車窓から見える神社だが、特急南紀はこの小駅を通過するのでこれまで気がつかなかった。

二〇一九年三月五日、車で出向いた。石段を上った山際に社殿が建つ。拝殿の正面を飾る菊の紋章が目立つ。境内はきれいに掃除され、樹齢八百年という大杉がそびえている。

社務所に人影がないので、線路脇の民家で宮司のお宅を尋ねた。奥さんが出てきて「お隣ですが、旅行中かしら。ちょっと待って」と携帯電話で小倉基続《もとつぐ》宮司に連絡してくれた。夫妻で丹波の方に出かけていた。名刺をことづけ、十九日に再訪した。

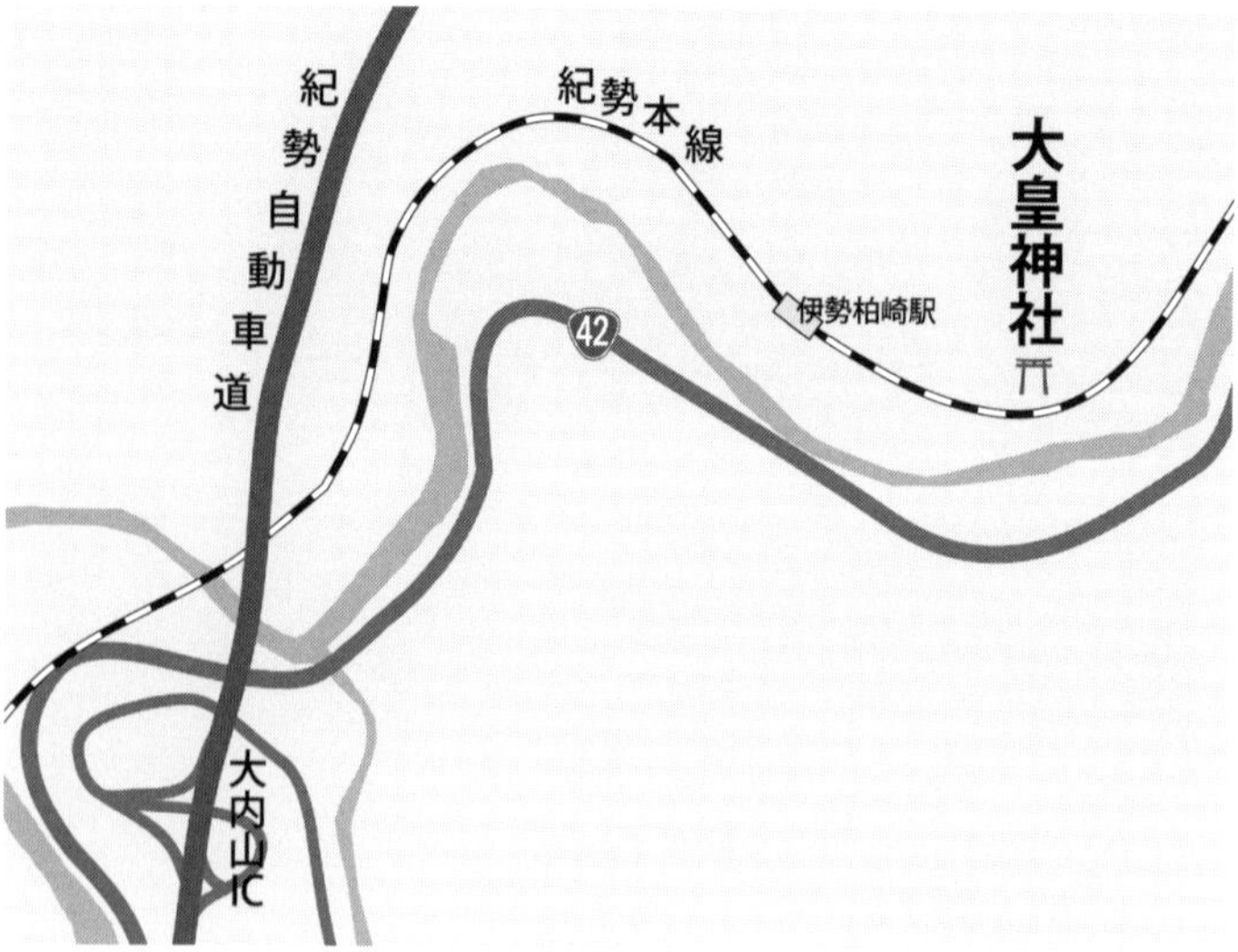

「伝承によると親王は飯高郡川俣谷を経て柏崎の現在地に来られ、しばらくご滞在の後、京都にお帰りになりました。親王にお仕えした藤原実秀《さねひで》（小椋実秀）の子孫が親王の分霊を奉じて一族とともにここに定着し、大皇神社を建てたのです。承久《じょうきゅう》二年（一二二〇年）のことと伝えられています」。昭和九年生まれ、温和な表情の小倉氏はそう切り出した。

皇統を継ぐ立場にありながら摂関政治の争いに敗れ、近江の小椋谷に逃れた惟喬親王は、法華経の軸木の回転から轆轤《ろくろ》を考案し「木地屋の祖」とされた。平安初期に実在した親王が実際小椋谷に隠棲《いんせい》したのかどうかはわからない。後の世の作り話ではあ

境内にスギの巨木が立つ大皇神社

ろうが、近世に全国で活躍した木地屋が小椋谷の蛭谷と君ケ畑を「ふるさと」とするネットワークを有していたことは事実である。柏崎の木地屋一族も一員だった。『大宮町史』歴史編（一九八七年）はその旅路を次のように推測している。

近江の小椋の荘を発祥の地として、鈴鹿山系を越えて北勢地方に入り、次第に南下して一志郡を経て飯南郡、多気郡の奥地、更に移動を続けて、この奥伊勢宮川峡に定住した。

「一族が小椋から小倉へ字を替えた理由ははっきりしません。一説によれば『せめ

寄進者の名を記した木板。小倉姓ばかりだ

て小さな倉でも持てるようになりたい』との願望からだそうです。いま神社の氏子は九十軒ほどですが、昭和三十年頃は百七、八十軒もありました。その九割が小倉姓でした」と宮司は語る。

　神社の入り口に平成二十八年（二〇一六年）の造営の際の寄進者の名前が並ぶ木板が立っている。木地屋が住んだ字名《あざめい》だろう、注連《しめ》小路《こうじ》木屋《こや》、古和《こわ》河内《ごうち》木屋《こや》、長野木屋、宮ノ上木屋、錦木屋、横谷木屋、笠木木屋、沖田・上野木屋など地区ごとに寄進者名が分けられたのをみると「木地屋は今も生きている」という気分になる。その大半が小倉姓なのである。

小椋谷の蛭谷と君ケ畑は全国の木地屋の統率をめぐって張り合ってきた。大皇神社のある一帯は君ケ畑の勢力地だったようだ。その「高松御所」から隔年に寄進を募る氏子狩がやってきた。

『永源寺町史』木地師編下巻「君ケ畑氏子狩帳」によれば、享保五年（一七二〇年）と安永四年（一七七五年）に、現在の崎にあたる地区に次頁の表のような巡回、集金があった。

この史料から以下のようなことが推測される。

この地区にいつから氏子狩が来たかはわからないが、記録が残る最後の訪問は江戸中期の安永年間（一七七二―一七八一年）だった。安永四年の寄進帳に「炭やき」「炭」と書かれた人がいることは、土地に定着して炭焼きが主業になったのかもしれない。農業に転じた人も少なくなかったろう。そうして純粋な木地屋が減り、氏子狩も来なくなったのではなかろうか。

小倉という姓は安永の寄進帳にあるが、享保の奉加帳は名前だけだ。いつから小倉姓を名乗るようになったのか、この史料だけではわからない。

寄進の通貨は基本的に銀だろう。一匁《もんめ》は三・七五グラム。分や文という通貨単位の金銀

享保五年奉加帳

横谷木屋

一 四匁 伝吉
一 弐匁 半助
一 壱匁 勘六
一 壱匁 左之助
一 壱匁 源七
一 壱匁 伝四郎
一 壱匁 六平
一 壱匁 甚之助
一 壱匁 久次郎
一 壱匁 惣之助
一 弐匁 惣吉

沖田木屋

一 銭弐拾四文 清右衛門
一 同弐拾四文 清助
一 同 断 源右衛門
一 同 断 源七

笠木小や

一 五分 小平
一 三分 六兵衛
一 弐分 助八
一 弐分 次郎兵衛
一 三分 与吉
一 壱分 喜平
一 弐分 庄八
一 弐分 又兵衛
一 壱分 彦三郎
一 五分 勘吉
一 三匁 のまかの村中

安永四年寄進帳

古和河内

一 拾弐匁 小倉金七
閏極月二日 同久之助
すミやき 同喜三郎
きしん 同文蔵
同源助
同久右衛門
同銀助
同林平

長ノ村

三日
一 壱匁 きしん 炭やき
小倉伴助
同万ノ助
一 壱匁 同藤人

さき村か木

うる十二月三日
一 五分 小倉伝九郎
一 百文 炭 同久之助
一 百文 同庄蔵
一 百文 同金助
一 三分 同平吉
一 五分 同善六
一 一匁 同義兵衛
一 一匁 同惣七
一 三分 沖田 伊之助

勢州度会郡大内山長野木屋

一 銀札三匁 伊助
一 同壱匁 長之助
一 同壱匁 礒之助
一 同壱匁 万之助
一 同壱匁 七三郎
一 同五分 藤吉
一 同 市兵衛
一 同壱匁 武兵衛
一 同五分 兵吉
一 同五分 源蔵

古和河内木屋

一 銀札一匁 松五郎
一 同壱匁 岩五郎
一 同壱匁 源次
一 同壱匁 忠兵衛
一 同五分 政七
一 同五分 金右衛門
一 同弐分 藤助
一 同壱匁 忠蔵
一 同壱匁 銀助
一 同壱匁 吉次郎
一 同壱匁 林次
一 同五分 友吉
一 同五分 弥蔵
一 南鐐壱片
不動野木や中

に対する価値は時代によって異なる。

大皇神社の小倉基続宮司は私に「安永四年の寄進帳の長ノ村に載っている小倉万ノ助が我が家の祖先です」と語った。


大皇神社があるところは内陸だが深山ではない。小倉氏の祖先の木地屋は近世に山中から降りて、耕作や炭焼きをしながら杓子《しゃくし》や、ボチと呼ばれる、その中に石臼を据える木鉢《きばち》、そしてオコという天秤棒などを作っていた。轆轤は使っていなかったそうだ。

「それにしても当地にきたとき、すでにここには人びとが住んでいたわけで先祖は『よそ者』、村の中心には住めませんでした」。この地区には大皇神社のほかに波大《なろお》神社、津島神社を村社としてもっていた。このうち波大神社は小倉姓以外の氏神だったというから、木の伐採なども含め時代時代それなりの軋轢《あつれき》もあったのだろう。

とはいえ木地屋の「強み」はそのフットワークや順応性にある。

幕末に熊野市飛鳥町の山中、池の宿《しゅく》に居を構え、椎茸栽培などで一財産築いた小椋長兵衛のように才覚のある人もいた。基続氏は言う。

「時代が下り、木地の仕事だけでは生活が成り立たなくなり里近くに下りてきたが、気位は高く、村人ともなじめなくて苦労したでしょう。でも彼らはがんばった。それは『蔵』に表れています。このあたりで蔵を持つ家は今も二十五軒ぐらいありますが、その八割は小倉姓です」。宮司はちょっと誇らしそうな顔をした。

私が訪ねた前の年、君ケ畑の関係者がバスで大皇神社にやって来たそうだ。伝承と祖神を共有するふたつの里の絆はなお強い。

第三話　ハナシの話　山を降り川辺に住む

熊野市飛鳥町に住む端無《はなし》徹也氏（昭和四十七年生まれ）を知り合いから紹介されたとき、「ハナシ」という聞きなれない姓に興味を覚えた。尾鷲市や熊野市の市議会議員を務めた人だ。

大又川が流れる飛鳥町、五郷《いさと》町は山間地で「流れ谷」とも呼ばれてきた。二〇一一年五月、元営林署勤めの方の案内で大又国有林に分け入り、木地屋が暮らしていたという池の宿《しゅく》や竹《たき》ノ平地区を訪れたことがある。「ハナシ」は木地屋に由来する名前ではないか。

橋本鉄男著『木地屋問答』（民俗文化研究会、一九七一年）をひもといたら果たしてそうだった。ずばり「ハナシの話」という項に、木地屋と地名の関係を論じた堀田吉雄氏（伊勢民俗学会会長）の見解が要約して紹介されている。

そこには「ソババナシ」「柿放《かきはなし》」「小放《こばなし》（小咄）」「雉子放《きじばなし》」「桑放《くわばなし》」など三重県下の小さな地名が列挙され、「山の南を向いた傾斜地など少し平坦になっており、かつて森林などであったところを伐《き》り開いたようなところ。元来は山林から伐り放して畑とした土地、またはその作物を称した言葉かと思われる」と書かれている。

「ソババナシ」は蕎麦の畑、「コバナシ」はその面積から名付けられ、「キジバナシ」は木地屋がハナシを作ったから、というわけだ。

「こうしたハナシを作ったのは、木地屋がまだ十分定着しない初期の頃に、自らの食糧を得るために、原始的な収穫の少ない畑をひらいたものと思われる」とまとめられているから、両者の関係は濃厚である。

となると端無氏の家系に木地屋がいたのだろうか。

「そうなんです。父方のばあちゃん（明治四十四年＝一九一一年生まれの「はなえ」さん）から聞いた話によると、うちの祖先は近江の永源寺に集められ、そこから全国に散った木

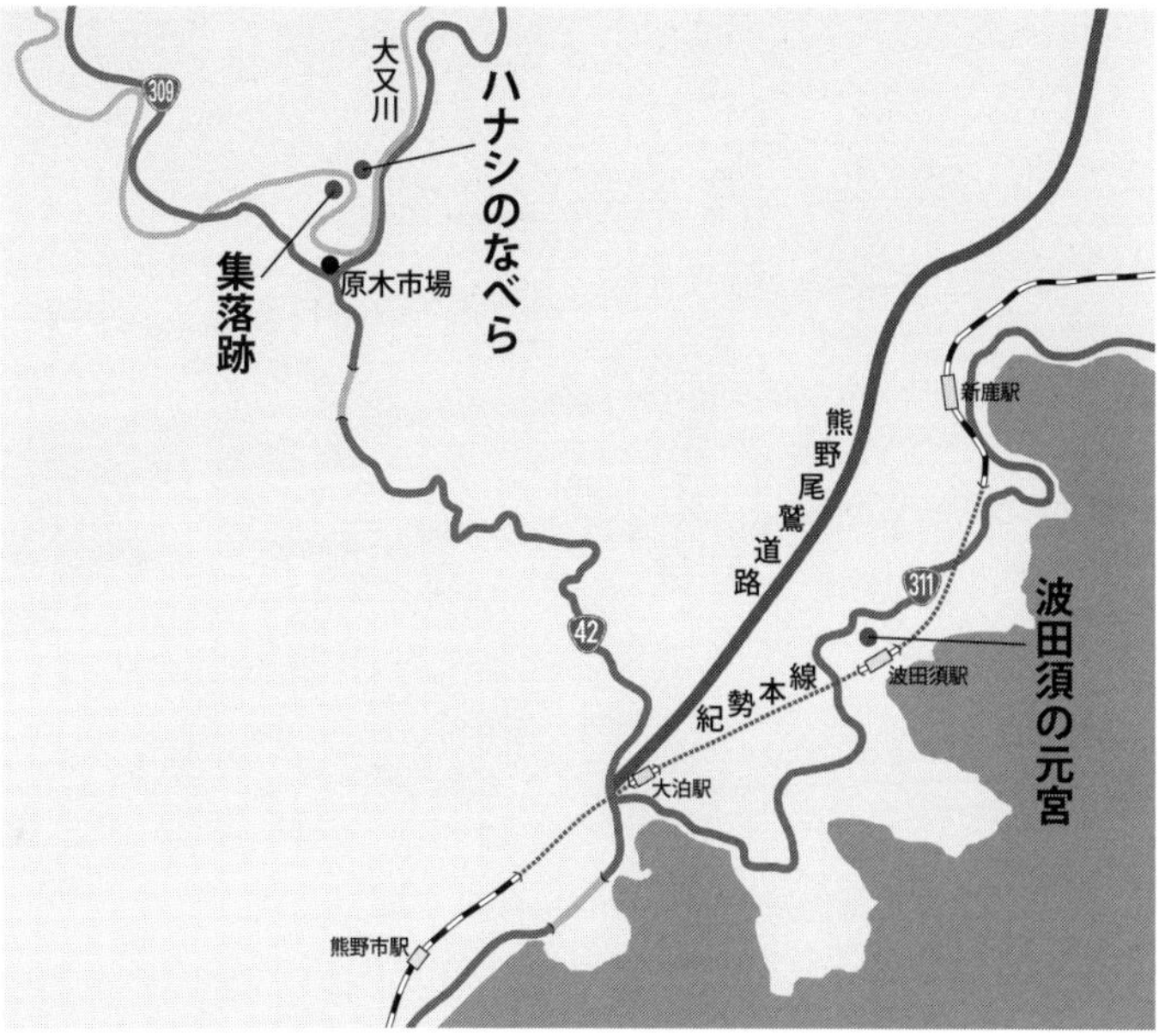

地師の一族でした。彼らがこの紀伊半島にやってきて端無という名を名乗ったのではないでしょうか」。滋賀県東近江市旧永源寺町の蛭谷、君ケ畑は「木地師のふるさと」といわれるところだ。はなえさんは二〇〇四年に亡くなったが、もう間違いあるまい。

飛鳥町には端無一族が山を降りて住み着いた集落跡があり、近くの大又川には「ハナシのなべら」と呼ばれる場所もあるという。これはぜひ行ってみたい。

平成も最後の月となった二〇一九

「ハナシのなべら」と端無徹也氏

年四月四日、端無氏に案内してもらった。熊野市から国道四二号の佐田坂を上り切ると、左手下に原木《げんぼく》市場がある。その脇に車を置き、蛇行する大又川に沿って、彼が住む佐渡《さわたり》集落につながる細い道を進んだ。道といっても現在は通る人もほとんどなく、竹や低木が生え放題。端無氏が草刈り機を持ってきた意味がわかった。

十分ほど川をさかのぼるとコンクリートの堰《せき》があり、そこから「ハナシのミゾ」と呼ばれる農業水路が通じている。その先にあるのが「ハナシのなべら」だ。「なべらというのは、川幅が広く、平らな大石が川底になっている

石垣が残る集落跡

場所のこと」と端無氏が説明してくれた。
「『あそこには大蛇が棲んでいるから一人で行くんじゃないぞ』と子どもの頃いわれた。でも、なべらの浅瀬には魚が集まる。そこでアユ、アマゴ、ウナギなんかとったものです」
「ハナシのなべら」と呼ぶのは、一族が住んでいた集落が川沿いの少し高いところにあったからだ。スギやヒノキの林の中にひっそり隠れているが、それは少なくとも十数軒はあったと思われる集落跡である。集落の入口と出口は石垣で区切られ、家々の周りにはしっかりした石組みが残っている。集落と大又川の間が田んぼになっていたのだろう、そこに通じる何本もの石畳の道が作られていた。集落の中に墓石が三つ並んだ場所があった。墓地らしいが文字は判読できない。

　端無一族がいつごろここに定着したのかはわからない。江戸末期かもしれないし、多くの木地屋が山中の漂泊生活を切り上げ、農民化した明治期のことかもしれない。いずれにしても、近くに水があり、日当たりも悪くないこの地に居を定め、近くの河原や水路に「ハナシ」と名付けたと思われる。端無氏のお父さんが子どもの頃、すでに一軒だけになっていたという。今の国道四二号や奈良に通じる三〇九号ができて、道路から遠い集落から人が離れたのだろう。

　熊野市で端無姓は飛鳥町の佐渡、小坂地区のほか新鹿《あたしか》町、二木島《にぎしま》町にもあるが、飛鳥町に多い。一族は山中↓集落跡↓佐渡・小坂地区と移り、周辺に広がったとみられる。

波田須の「元宮」（左頁）と祠の屋根に彫られた菊の紋章

熊野市では、私が暮らす波田須《はだす》町にも木地屋の「匂い」のするところがある。西波田須地区の「元宮」と呼ばれる宮跡に菊花紋が刻まれた小祠《しょうし》の屋根が残されているのだ。

波田須は太古の火山活動が造った小さな岬が太平洋に突き出す傾斜地で、「元宮」近くには「熊野市字《あざ》図」に「キジが峯」と書かれた小字もある。『熊野市史』上巻（一九八三年）の中で前《まえ》千雄氏は波田須の「雉子が峯」を、佐渡の「ハナシ」、小坂の「ホリバナシ」などとともに「木地師遺跡」地名のひとつとして一覧表に載せている。キジが木地に通じるからだろう。

「元宮」はクスノキの大木のもとに四角い自然石が置かれ、その上に石造りの三角形の屋根が載せてあるだけ。屋根の正面の紋は風雨で摩耗しているが、十六弁のようだから木地屋ゆかりの御紋といえなくもない。郷土史家の平八州史《やすし》氏は「波田須に筒井八幡を勧請したと思われる菊花紋入の謎の石祠が残っていますが、有力な木地師のいたことが偲《しの》ばれます」とやや断定的に書いている（『ふるさとのよもやまばなし』熊野市教育委員会、一九七五年）。

「元宮」のすぐ下に住んでいる西村八重子さん（昭和五年生まれ）は「私がここに来た昭和三十年当時は十一月の波田須神社のお祭りに合わせて元宮にも神主さんが来て、お供えをしました。元宮のお祭りは自然となくなってしまいました。私はその後も正月にしめ縄を張ってお祀りしてきましたが、今はそれもしません」と話す。お隣の西村真由美さん（昭和二十四年生まれ）が水を手向けたり、掃除したりしている。

八重子さんも真由美さんも木地屋の伝承などは聞いたことがないという。ただ八重子さんは「おばあちゃんからだったと思いますが、『キジャモネ』はそこで椀《わん》を作っていたのでその名がついた、と聞いたことがあります」と語る。キジャモネは「キジが峯」のことだろう。とすると木地屋が昔このあたりに住んでいたという可能性もなしとしない。

　ただ「熊野市字図」が示す「キジが峯」は紀勢本線の波田須駅から熊野市駅に向かう列車がすぐぐるトンネルの上の森あたりで、木地屋がそこで暮らしを立てたような深い山とはいえない。

　そこで私はこんなふうに想像する。幕末か明治初期に熊野の奥地から里に下ってきた木地屋家族が耕作地や海の幸があるこの地に住むようになった。彼らは山中で祀ったお宮を大事に運んできた。また農作業の合間に椀などを作った。「元宮」の屋根や「キジが峯」はその名残りではなかろうか。

第四話　移動の痕跡　近隣に同じ名を追う

熊野市の大又川流域、旧紀和町の山中などは近世、木地屋が活躍した舞台のひとつだった。

『永源寺町史』（木地師編上下巻）をみると、近江国小椋谷の君ケ畑からは元禄七年（一六九四年）、享保十一年（一七二六年）と安永四年（一七七五年）にこの地域に氏子狩《うじこがり》がやってきた。

また蛭谷からは延宝七年（一六七九年）、貞享《じょうきょう》四年（一六八七年）、元禄七年（一六九四年）、宝永四年（一七〇七年）、享保五年（一七二〇年）、享保十二年（一七二七年）、享保二十年（一七三五年）、元文《げんぶん》五年（一七四〇年）、寛延二年（一七四九年）、寛延四年（一七五一

年）、宝暦八年（一七五八年）、安永三年（一七七四年）、安永九年（一七八〇年）に氏子駈《うじこがけ》がそれぞれ行われた。氏子狩（氏子駈）の記録は全国的に蛭谷のほうが多く残っており、熊野市周辺でもそちらからの資金集めがより頻繁にあった。

なかでも江戸中期、元禄七年は賑やかだった。君ケ畑からは大栗須《おおぐるす》山木地屋（現・紀和町大栗須）、内こわ谷山木地や（同）、粉所《こどころ》山木地屋（育生町粉所）、帳（長）原山木地屋（神川町長原）、いかり山木地屋（同町柳谷）、木之本ふかたわやま木地や（井戸町）、なかれしミ谷木地や（五郷《いさと》町寺谷）、たかたいやま（五郷町湯谷）、なケれもゝさき山はざま木地や（同町桃崎）、池之宿山（飛鳥町大又）、小又山木地や（同町小又）、大又寺山木地屋（同町大又）などを巡回した。

同じ年、蛭谷からの一行は大栗須山木地や、粉所山木地や、長原きしや（神川町長原）、いかり木地や（同町柳谷）、大又奥寺山（飛鳥町大又）、小又山木地屋、しみ谷木地や（五郷町寺谷）、湯ノ谷きじや（同町湯谷）、池之宿山木地屋、もゝさき山さはまきぢや（五郷町桃崎）などを訪れた（カッコ内の現在の地名も『永源寺町史』による）。

蛭谷と君ケ畑にはそれぞれ差配する社寺があった。前者は筒井八幡宮（現・筒井神社）と臨済宗の帰雲庵、後者は大皇《おおきみ》大明神（現・大皇器地祖《きじそ》神社）と曹洞宗の金龍寺が取り仕

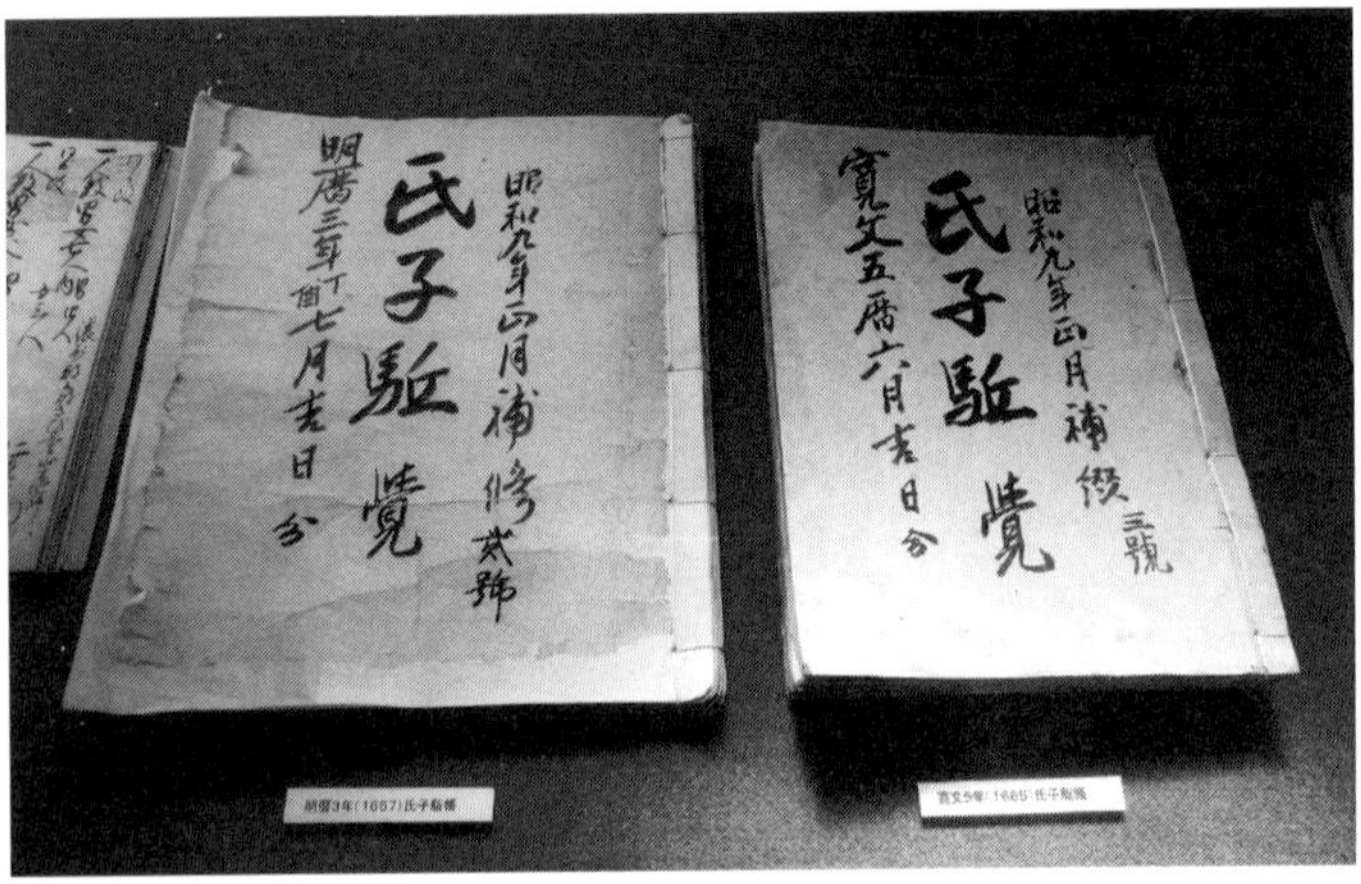

蛭谷の氏子駈帳（木地師資料館）

切り、互いに張り合ってきた。双方の「縄張り」を回るのが通常だが、元禄七年は時期が違ったのか、同じところに双方の記録が載っている。

木地屋たちはトチ、ケヤキ、ミズメ、ブナなど木地となる樹木を求めて山々を渡り歩く漂泊の民である。どこにでも移り住むから「トビ」とも呼ばれた。移動の間隔は森林の状況や住みやすさ、仕事のしやすさなどによって異なろうが、移動範囲は通常それほど広くなかったと思われる。気候風土の全く違う土地に行くのはリスクが大きかったからである。

木地屋の居住地の変遷をうかがう手掛かりは、氏子狩（氏子駈）帳のなかで同じ名前の人物を追うことだ。熊野市一帯では君ケ畑、蛭谷とも安永年間（一七七二―一七八一年）になって初めて「小椋」「小倉」など木地屋おなじみの苗字をもつ人物が登場する。それまでは名前だけだから同じ名の別人もあろうが、特定の地域に限れば同名＝同一人物の可能性は高くなる。

まず三郎右衛門を追ってみよう。彼の名は蛭谷氏子駈帳の延宝七年（一六七九年）の「熊野寺谷山木地屋」の項に三匁（一匁は銀三・七五グラム）を寄進した人物として初登場する。「一人銀二分」（一分は十分の一匁）が基準といわれた当時では多い方だ。家族何人分かをまとめて渡したのかもしれない。寺谷は現在の熊野市五郷町寺谷。国道三〇九号から大又国有林の方に入ったあたりである。

八年後の貞享四年（一六八七年）に三郎右衛門は「紀州熊野小俣山」で金一歩（一分か）を出した。この地は同市飛鳥町小又。大又川から分かれる小又川沿いの現在も森林地帯で、寺谷からそう遠くない。

彼の名は次に元禄七年（一六九四年）今度は「いかり木地や」に登場、この時は壱匁六分を寄進している。そこは現在の同市神川町碇《いかり》。ホタルの里として売り出した大井谷から分け入った場所で、七年前にいた小又の西方である。同一人物とすれば寺谷↓小又↓碇

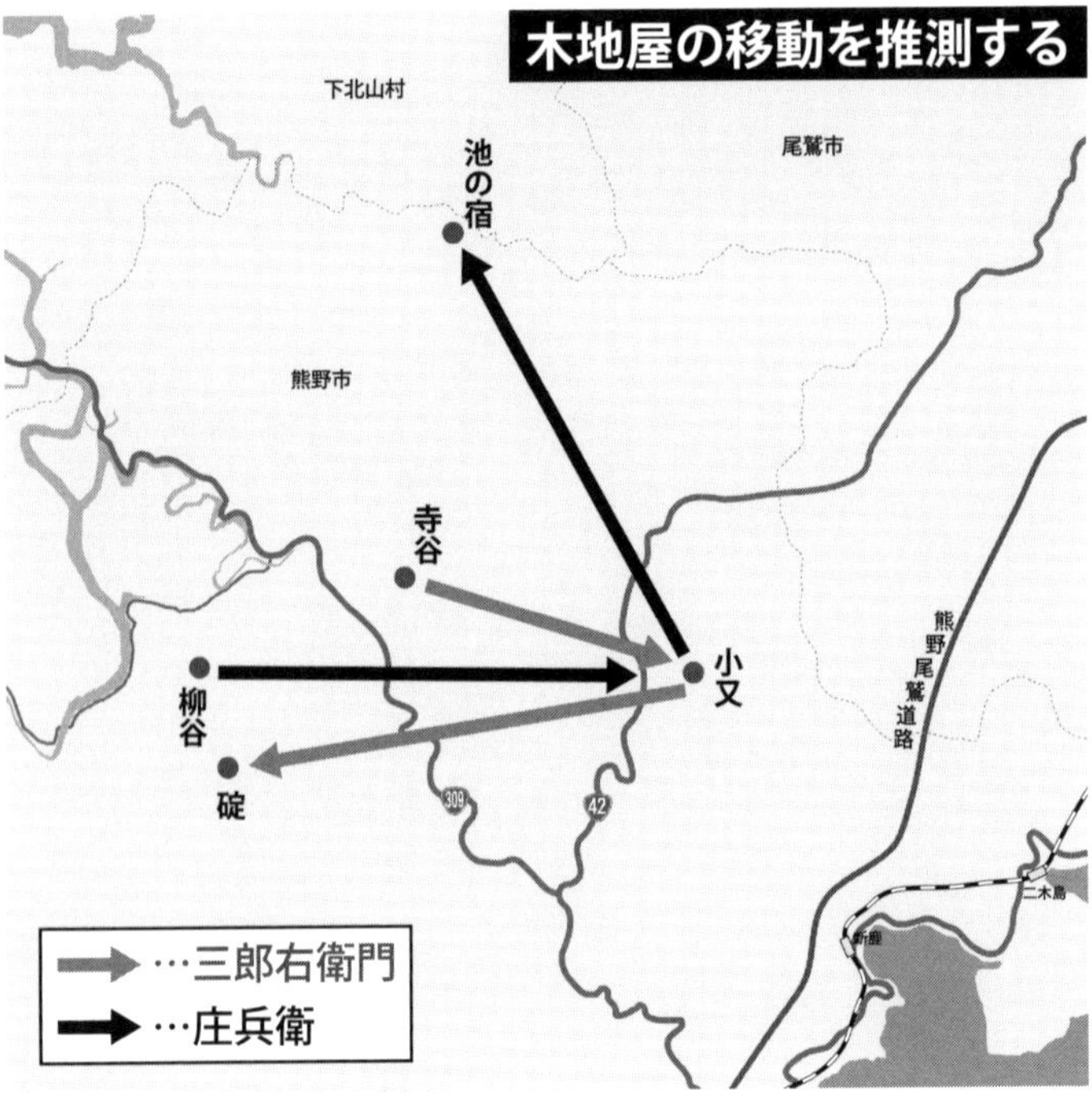
木地屋の移動を推測する
下北山村
尾鷲市
池の宿
熊野市
寺谷
小又
柳谷
碇
309
42
熊野尾鷲道路
二木島
新鹿
…三郎右衛門
…庄兵衛

と移動したことになる。

ところが同じ蛭谷からの氏子駈帳で享保十二年（一七二七年）の「奥熊野長尾村木しや」の項にも三郎右衛門の名が壱匁寄進として載っている。長尾村は今の熊野市紀和町長尾地区。赤木城跡の近くで、柳谷の南西にあたる。柳谷から長尾への移動は距離的には無理がないが、気になるのは前回の元禄七年から三十年以上経っていること、彼の名が当時その近辺を回った君ケ畑の氏子狩帳にも載っていることだ。享保十一年（一七二六年）の「紀州牟楼《むろ》之郡入鹿《いるか》組《ぐみ》之内長尾山木地屋」の項に、三郎右衛門が壱匁弐分を出している。「長尾山」は「長尾村」と同じ今の紀和町長尾地区である。

時期と場所が近いから同じ人物ではなかろうか。君ケ畑と蛭谷はいわばライバルだ。同一人物とすれば、鞍替えしたか、双方に寄進したのだろうか。いずれにしても、彼は寺谷→小又→碇と動いた前述の三郎右衛門とは別人と見ざるを得まい。

三郎右衛門の名は氏子駈帳で、現在の奈良県十津川村を拠点としていた木地屋にも見られる。宝永四年（一七〇七年）の「十津川玉置《たまき》山ノ内かろふと谷木地や」の項で、彼は壱匁を出した。玉置山は奈良県十津川村にあり玉置神社が鎮座する。それから遡ること二十年、貞享四年（一六八七年）の「十津川中谷木地屋」の項にも三匁を寄進した人物として三郎右衛門の名が見られる。先に述べたように、この年の氏子駈帳には「小俣山」（熊野市飛鳥町小又）で同名があるから、十津川の人物も別人と見たほうがよさそうだ。

蛭谷の氏子駈帳からもうひとり、庄兵衛という名の人物を追ってみたい。

彼は延宝七年（一六七九年）の「熊野柳谷木地屋」（現・熊野市神川町柳谷）の項に名を連ね、銀弐匁五分を出している。結構な額で何人分かであろう。次に庄兵衛の名が現れるのは八年後の貞享四年（一六八七年）、「紀州熊野小俣山」（熊野市飛鳥町小又）で金壱歩を寄進した。先の三郎右衛門も名を連ねているから、一緒に働いていたのかもしれない。

元禄七年（一六九四年）、庄兵衛は「熊野之内池之宿山木地屋」（飛鳥町大又）にいた。銀五匁を寄進しているから、家族の分としてもかなり羽振りがよかったことを思わせる。

大又と小又は大又川流域で、池の宿《しゅく》からは江戸の末期に小椋長兵衛という木地屋の出の資産家を輩出した。これらの庄兵衛を同一人物とすれば、彼は現在の飛鳥町小又から神川町碇に移った三郎右衛門とは逆に、柳谷から小又、そして池の宿へと移動した。

氏子駈帳からは、ほかにも延宝七年（一六七九年）に「なめら地山木地屋」（飛鳥町神山）にいた六兵衛と同名の人が元禄七年（一六九四年）に「大栗須山木地や」（紀和町大栗須）で寄進したこと、延宝七年（一六七九年）に「寺谷山木地屋」（五郷町寺谷）に住んでいた七左衛門と同名の人物が貞享四年（一六八七年）に「とつ川山木地屋」（奈良県十津川村）、元禄七年（一六九四年）に「西之川木地屋」（奈良県下北山村）にいたことが書かれている。三郎右衛門や庄兵衛と比べれば広域だが、奈良県南部と三重県熊野市はさほど離れていないから同一人物かもしれない。

第五話　先祖への想い　一族の墓を集めて祀る

今の熊野市界隈《かいわい》で木地屋の成功者といえば、まず小椋長兵衛の名が挙がる。幕末に大又の奥地、池の宿《しゅく》に居を構え椎茸で財をなして「椎茸長兵衛」といわれた。椎茸以外でも養蜂など手広い商売をしていたようだ。

湯の谷はじめ「流れ谷」と呼ばれた地域の里人はカネに困ると山越えをして長兵衛に頭を下げたという。湯の谷から池の宿への山道には「金借り道」の名がついた。

「薬翁利丹居士《やくおうりたんごじ》」の戒名をもつ長兵衛は明治四年（一八七一年）六月二十四日に他界した。息子の吉左衛門は池の宿から下って現在の熊野市五郷《いさと》町平《たいら》に邸宅を構えた。その娘たちは周辺の素封家《そほうか》と縁組みした。

池の宿の小椋長兵衛の屋敷は、後に大又国有林の事業所が置かれた場所の付近にあった。昭和十八年（一九四三年）六月、父親に付いて十五歳で営林署の仕事を始めて以来、池の宿に十七、八年暮らしたという大江一春氏（昭和四年生まれ）は当時を振り返って次のように語る。彼は六十歳の定年まで熊野の山で働いた。

「木地屋敷と呼ばれた池の宿の住居跡には立派な石垣がありました。お茶やミョウガが自生していたから、昔栽培していたのでしょう。戦中戦後の食糧難の時代、わしらは木地屋敷の周りに畑を作った。耕すと土の中から古銭がたくさん出てきたのです」

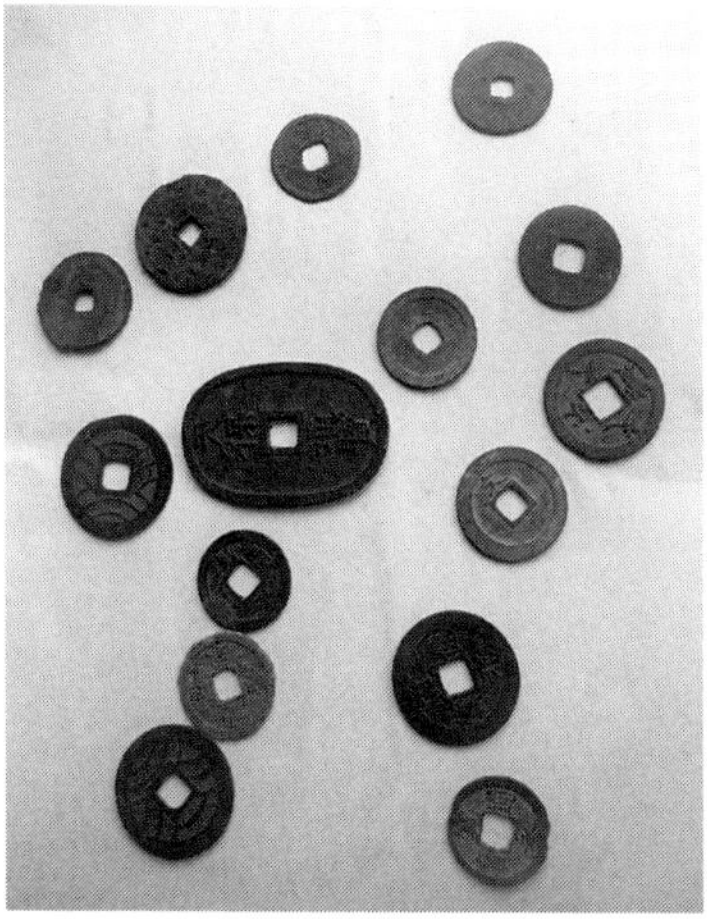
戦中戦後、池の宿で働いていた大江一春氏が「木地屋敷」の周辺で見つけた古銭

「今も持っています」と大江氏は箱に入った十五枚を見せてくれた。「寛永通宝」「文久永宝」など江戸時代の穴あき銭に混じって、小判形の大きめな古銭「天保通宝」があった。なぜ古銭が埋まっていたのかわからないが、分限者《ぶげんしゃ》の屋

敷跡らしい遺物である。

小椋長兵衛の出自や生活を語る文物は、末裔《まつえい》が受け継いできた筒井八幡宮の文書（縁起や君ケ畑との紛争文書）、そして槍などわずかしかない。ただ地元の元庄屋の生活記録からその一端を知ることができる。『晴雨日記《はるさめ》』である。紀伊国牟婁《きいのくにむろ》郡大俣《おおまた》村（現・熊野市飛鳥町大又）の坪田寛楽斎が文久二年（一八六二年）から明治二年（一八六九年）までの七年間書き綴った私日記だ。『晴雨日記』（熊野市教育委員会、一九八六年）から、関連する一部を抜き出してみた。

文久二年（一八六二年）十一月二十日
椎茸山長兵衛殿内義（儀）来り、酒十一切手壱枚被レ下《くださる》

慶応三年（一八六七年）十月二十二日
池の宿長兵衛殿内儀来り御土産餅一重《いちじゅう》、大梨子《なし》壱ツ被レ下戴レ之《これをいただく》

明治元年（一八六八年）九月二十三日
池の宿長兵衛殿内儀御越たらし蜜一ト（一斗）徳利、大梨子一ツ被レ下

「蜜」は長兵衛が作っていた蜂蜜であろう。これらを見ると長兵衛は大又村の有力者坪田寛楽斎と親しくしていたらしく、妻に餅や酒、果物などの品々を持たせている。それだけの余裕がなければ里人に金を融通することはできまい。

そんな先祖に愛着と敬意をいだき、「木地師のふるさと」小椋谷（東近江市蛭谷、君ケ畑）に毎年のように通っている人がいる。愛知県津島市に住む小倉章睦《あきちか》氏（昭和二十年生まれ）だ。小倉氏のことは木地屋に詳しい郷土史家小西清次氏（故人）の論文で知っていた。小西氏の息子豊秀氏が連絡先を調べてくれたので、二〇一九年九月四日、津島市の自宅にうかがった。

「長兵衛は小椋、私は小倉。同じ『おぐら』姓でも字が違います。実は長兵衛の息子吉左衛門の代から『小倉』になりました」。長兵衛から数えて六代目という章睦氏はこう話

す。

「先祖に関心の深い父叔彦《よしひこ》（大正七年＝一九一八年生まれ）から聞いたのですが、明治初年戸籍制度ができた時に吉左衛門が役所で苗字を聞かれ、口頭で『おぐら』と答えました。相手は小椋なんて字は知らなかったのでしょう、小倉と思い込んで戸籍に書き込んだ。吉左衛門は後で気づいたが手遅れでした」

木地屋の家系には小椋のほか小倉も多く、さきに紹介した三重県大紀《たいき》町の大皇《だいこう》神社の宮司や氏子は小倉姓である。思わぬ行き違いから漢字は変わったけれど、一族の証《あかし》は守られた。


小倉章睦氏は十年前まで鍼灸《しんきゆう》整骨院を営んできた。父親譲りであろう、先祖への思い入れが深く、平成元年（一九八九年）、五郷町平にあった長兵衛や息子の吉左衛門の墓だけでなく、五郷町寺谷、熊野市井戸町などに点在していた一族の墓を一か所に集め、中央に五輪塔を建てたのである。

「我が家の近くにスペースのある墓地がなく、円満寺霊苑（岐阜県海津市）に墓石や遺骨を集めました。父が亡くなる二年余前に済ませて、喜んでもらえたのはなによりでした」

五輪塔の正面には「大皇之《おおきみ》　小倉家　歴代墓」とある。「大皇」は木地屋が祖と仰ぐ惟喬《これたか》親王のこと。五輪塔の裏には十四弁の菊の紋章が線刻されている。「十六弁（皇室の紋章）は気が引けたので……。でも親王にかかわる家系を誇りたいと思いました」。章睦氏の人柄がそこににじみ出ている、と私は思った。

自ら集めた一族の墓石を拝む小倉章睦氏（円満寺霊苑）

五輪塔の右には小椋長兵衛とその母の戒名が彫られた墓石、左側には明治十八年（一八八五年）五月五日に亡くなった長兵衛の息子吉左衛門の墓石が建つ。章睦氏は用意した酒や供物を捧げ、先祖一族に拝礼した。

墓参の前、彼の自宅で小椋長兵衛ゆかりの槍を拝見した。警察畑の父親が保管してきた一品で、鎌倉期の作品と鑑定されたという。「古刀など他にもありましたが、これだけが残った。大事に受け継がなくては」。

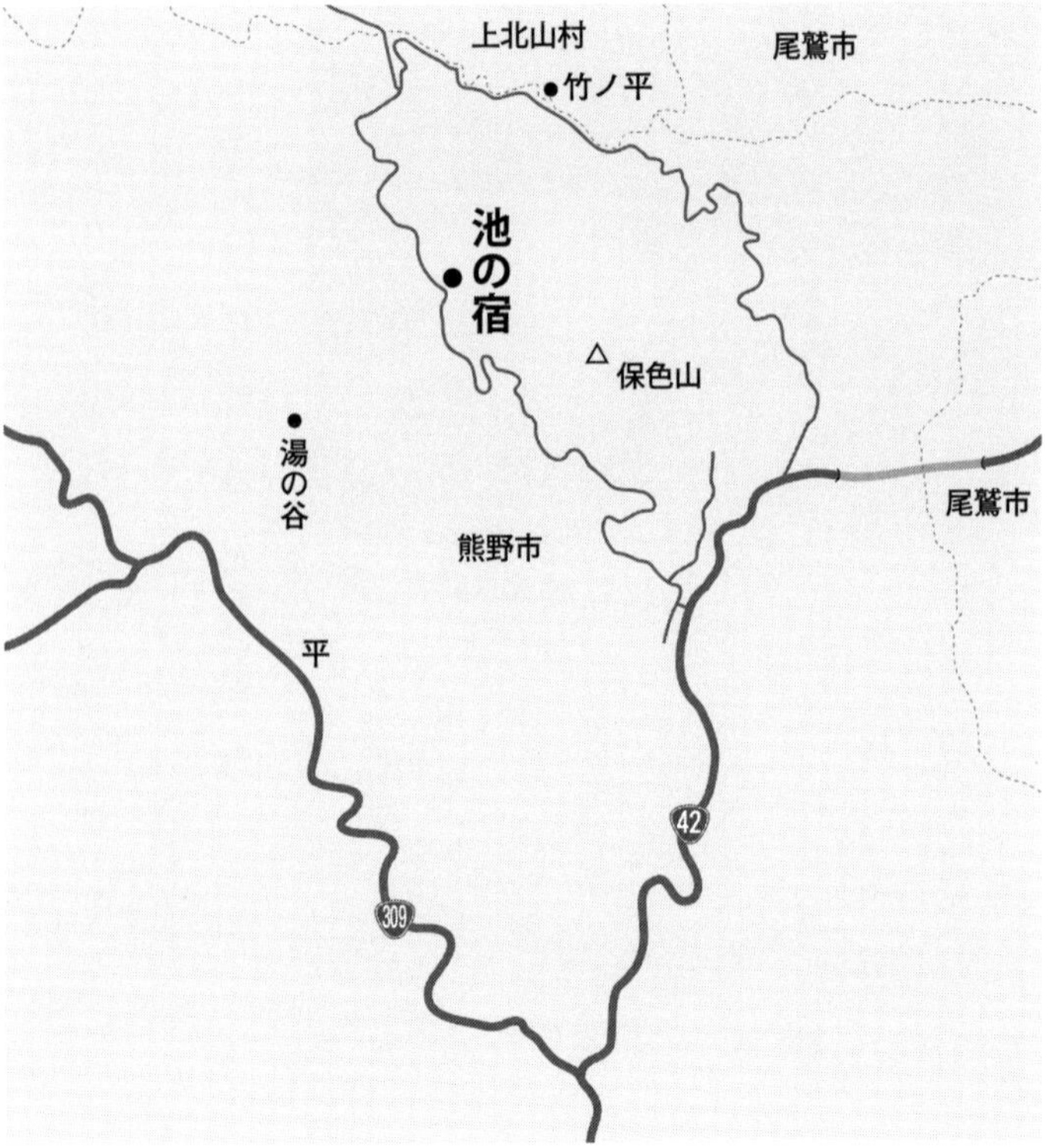

上北山村
尾鷲市
竹ノ平
池の宿
保色山
湯の谷
熊野市
尾鷲市
平
42
309

昭和五十六年（一九八一年）、小倉氏は大江氏の案内で、池の宿の山中にある木地屋の墓と言い伝えられる墓石を訪ねた。後に紹介する親戚の木地孝嘉《たかよし》氏も一緒だった。「もう一度池の宿に行きたい。小椋長兵衛の屋敷跡も確認したい」という強い願望に、大江氏や熊野市歴史民俗資料館の更屋好年《さらやよしとし》館長らが協力して、二〇一九年九月二十六日に現地探訪が実現した。

熊野市飛鳥町池田平地区で国道四二号と別れ、大又国有林内へ林道をのぼる。池の宿事業所跡にも石垣があるがそれは比較的新しいもので、大江氏は「木地屋敷はここじゃない」という。

そこからやや離れた、沢にかかる橋から記憶をたどった彼が「この上のあたり」と示した場所は事業所跡の少し下。スギの林の先に林道からは見えなかった古い石垣があった。自然石を積み上げた野面《のづら》積み。小椋長兵衛の屋敷跡だろうか。

その時だ。大江氏が「ここここ。わしらが耕した畑で古銭を見つけたのはこの辺りです」と言ったのは。彼は「小椋という人が住んでいて五郷から金借りの人が通った、とい

池の宿を案内してくれた大江氏

小椋長兵衛の屋敷跡と思われる石垣を見る小倉章睦氏（右）（飛鳥町池の宿）

う話も聞きました」とも語った。長兵衛の屋敷跡に間違いあるまい。

津島市から奥さんの優子さんと一緒に来訪した小倉章睦氏は「やっとたどり着きました。大発見です。うれしい」とやや興奮気味で、私たちが下の林道に下りてきてからも、ただ一人、石垣をじっと見つめていた。

第六話　十津川の「政所」小辺路が通る山里で

一　旧家に三代の歴史

木地屋の元締め近江・小椋谷の蛭谷と君ケ畑から各地に派遣された氏子狩《うじこがり》（氏子駈《うじこがけ》）帳には奈良県十津川村の地名がたびたび出てくる。それも、現在の十津川村杉清《すぎせ》地区に盛んに出向いているのである。

地図を開くと杉清は十津川（熊野川）に合流する神納川《かんのがわ》の上流、奈良県野迫川《のせがわ》村や和歌山県田辺市龍神村と接する山深いところだ。蛭谷の氏子駈帳によれば、元禄七年（一六九四年）から宝暦八年（一七五八年）まで、君ケ畑の氏子狩帳では元禄七年から延享《えんきょう》二年

（一七四五年）まで、現在の杉清地区辺りの山中に近江から集金人が足しげく通った。台帳（寄進帳・勧進帳・寄附帳を含む）に載った訪問先は次のようだ。

蛭谷から

▼元禄七年（一六九四年）
和州上西木地や
大和吉野郡寒川山木地屋
大和寒ノ川木地屋
きのくに山木地や
▼宝永四年（一七〇七年）
十津川うね谷木地屋
かんの川内滝谷木地屋
十津川内かんの川木地屋
三田山木地や
かんの川内みな又はち引

和州のゝ原山をの谷杓子《しやくし》
野ノ原在所木地屋
▼享保五年（一七二〇年）
和州十津之内かん川山のゝ原木地屋
▼享保十二年（一七二七年）
和州吉野郡大の谷
▼享保二十年（一七三五年）
和州かんの川いのか山
大和吉野郡十津川之内寒ノ川横垣大山 葵谷《あおいだに》
寒野川南又山
かん之川こい山
▼元文五年（一七四〇年）
十津河神野川畝谷《うねだに》山
杉ノ瀬木地屋
かんの川のゝ原山はちや

ぢのむね
和州十津川寒ノ川山奥千丈
山ノ内水倉器地屋
山ノ内
▼寛延二年（一七四九年）
十津川野之原山木地屋
▼寛延四年（一七五一年）
吉之郡十津川のゝ原山木地屋
▼宝暦八年（一七五八年）
和州吉野郡寒野川野々原山
十津川寒野川三田村山

君ケ畑から

▼元禄七年（一六九四年）
和州かん之川こい山木地屋

びた山木地屋
野々原山木地屋
▼享保十一年（一七二六年）
和州いのをか山杓子や
▼延享二年（一七四五年）
和州吉野郡寒ノ川野の原山
のゝ原山地のむね
寒ノ川こい山
和州吉野郡十津川寒の河井ノ岡山
吉野こり十津川かんノ川木地屋

「寒野川」「かんの川」などは今の神納川だろう。神納川はたくさんの谷筋をもっている。十津川村が一九六一年に発行した『十津川』（学術調査報告書十津川文化叢書の合本）によれば、杉清地区の入り口にあたる五百瀬《いもぜ》という集落に「政所《まんどころ》」の屋号を持つ小松家という旧家があって、家系は平清盛の孫維盛《これもり》につながるという。『平家物語』は維盛が那智

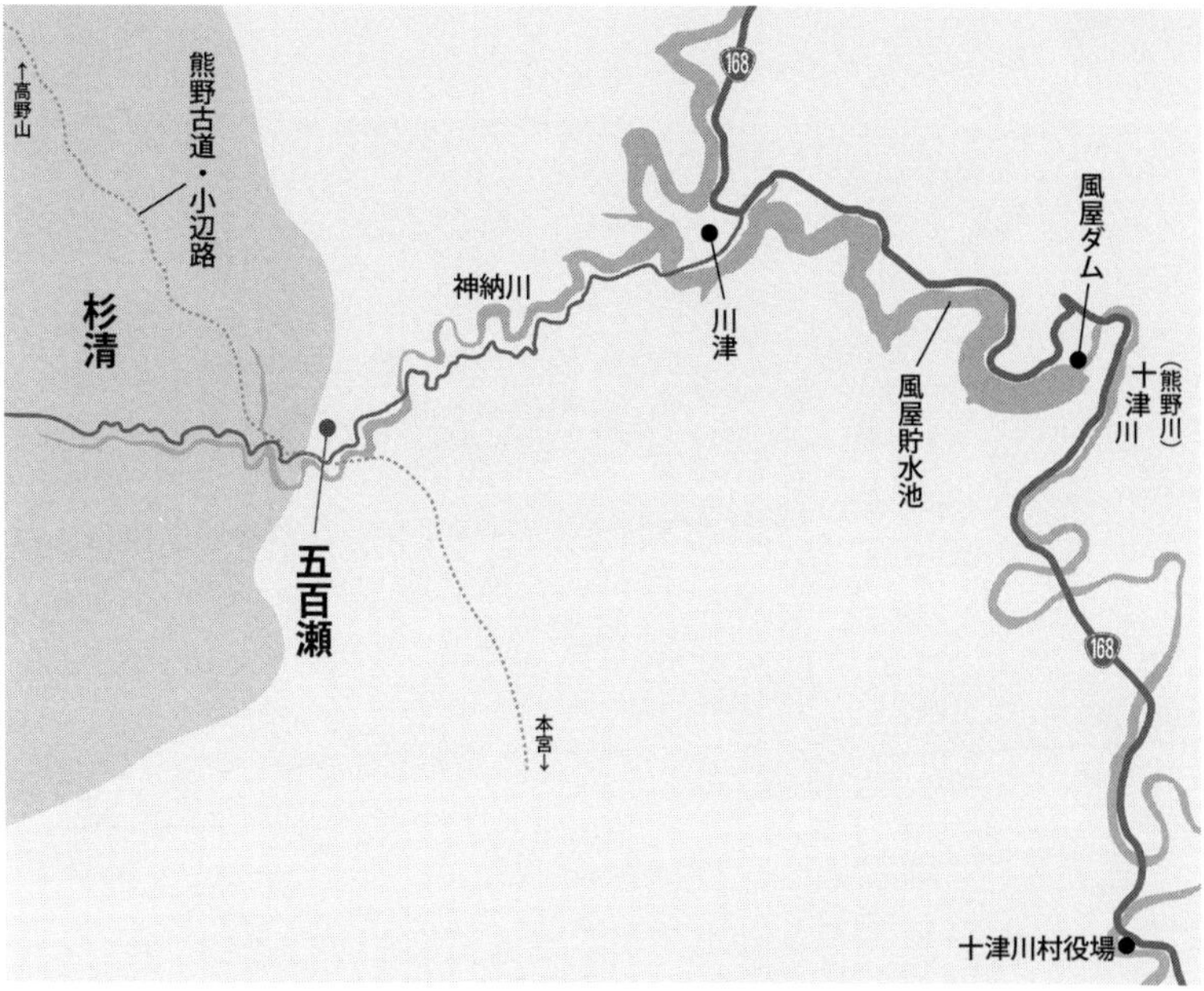

の海で入水《じゅすい》したと記すが、どっこい生きていたという伝承が紀伊山地のあちこちに残る。小松家の裏手には「維盛の墓」まであるそうだ。木地屋と平家の公達《きんだち》。その取り合わせに惹《ひ》かれて現地を訪ねた。

二〇一九年六月十六日、十津川村役場の若手職員松崎友哉氏、義《よし》紘明氏と一緒に五百瀬に向かった。風屋《かぜや》ダムでできたダム湖のほとり川津地区で国道一六八号と別れ、神納川に沿った道をたどる。少し前の雨で途中に土砂崩れがあり、二キロほどは河川敷を通る「河中道路」となった。

嘉永6年（1853年）に建てたという立派な門をもつ辻家（十津川村五百瀬）

五百瀬には高野山と那智山を結ぶ熊野古道・小辺路《こへち》が通る。参詣道だけでなく、昔から大事な商業道、生活道だった。子どもが減り休校になった小学校の脇に立派な門を構えた家があった。「農家民宿『政所』」と書かれた看板が立っている。ローマ字表記も付いているから外国人の宿泊もあるのだろう。

門のところで中年男性が苗床を運び田植えの準備をしていた。現在の「政所」の家主辻成晃《しげあき》氏（昭和三十九年生まれ）は事前連絡をしなかった私たちに心よく対応してくれた。小松家に始まる屋号を辻家が引き継いでいる。

「維盛の墓」は家の裏手の高台にあ

辻家の裏手にある「維盛の墓」

った。金網の戸が付いている。動物除けだろうか。戸を開けて少し上ったところに小さな社殿が鎮座していた。榊《さかき》が供えられ、辻家で掃除しているそうだ。

「ここで生まれ愛知県で働いていたが、二十年ほど前に戻ってきました。当時はまだ山仕事があったのです。私が小学生の時分は一日中、木材を積んだトラックが走っていました。祖父はここから奥の杉清地区で炭焼きをしていました」と成晃氏は語る。

どっしりとした母屋の居間に母親の伊久子さん（昭和十四年生まれ）がいた。彼女自身、昭和三十六、七年ごろまで杉清で夫と舅《しゅうと》とともに炭焼きをしていたという。

「今、杉清に住んでいるのは二軒だけですが、そこは江戸時代木地屋が多かったそうです。この家ですか？　小松家から玉置《たまき》家が買い、その後にうちが入りました。小学校の先生をしていた玉置有亮《ゆうりよう》さんは物知りで歴史も詳しかったけれど、亡くなりました」と伊久子さん。

「有亮氏のお子さんはいらっしゃいますか？」と聞いたら、携帯で大阪府に暮らしている息子の玉置宏仲氏に連絡してくれた。名前の代わりに「政所だけど」と切り出すあたり、屋号は生きている。

二　重なる貴人の流離譚

十津川村五百瀬に住む辻伊久子さんから「政所」の前の住人、玉置宏仲氏の電話番号をうかがった私は、自宅に戻ってから大阪府交野《かたの》市に住む玉置氏（昭和二十八年生まれ）と話した。

「もともと玉置家は五百瀬から少し奥に入った三田谷《びただに》に住み、山林業や運搬業を営んでいました。小辺路は高野山、野迫川と南の本宮を結ぶ大事な交通路でした。でも祖父の時代に例の大洪水（明治二十二年＝一八八九年の水害）にやられ、小松家から買った政所に移り住みました。水害で我が家の文書類も流されてしまいましたが、父は小辺路の巡礼者などについての文書をこつこつ集め、それは新宮市に住む姉の家で保管しています」

玉置氏はその一部を尾鷲市にある三重県立熊野古道センターに寄贈した。その中に、杉清地区から北海道に移住した人たちが小樽に送った荷物の個数や目方の一覧表がある。当時、北十津川村に属していた杉清は洪水の被害が大きかった地域のひとつだった。人々は不安と再起の思いを胸に北の大地へ旅立ったのだろう。

場所柄、玉置家や辻家が林業関連の仕事に従事していたのはわかる。では初代「政所」で平家の末裔という小松家はどうだろう。十津川村が一九六一年に発行した『十津川』は「小松家は平維盛の後裔、芋瀬《いもせ》荘司の後《のち》であるといわれている」と記す。

ここで注目されるのは「小松氏は木地屋の出ではないか」との説があることだ。民俗学者の岸田定雄氏が日本民俗学会の学会誌『日本民俗学』の一五五号（一九八四年）に発表した論文「十津川村五百瀬小松氏の出自――木地衆の出」である。

小松姓と平家の関係については紀州藩の地誌『紀伊続風土記《きいしょくふどき》』の在田《ありだ》郡上湯川村（現・和歌山県有田郡有田川町上湯川）の項に次のような一文が載っている。

○旧家　地士　小松弥助
伝に云ふ　小松内大臣重盛公の嫡男《ちゃくなん》三位中将維盛卿の後なり　維盛卿熊野にて入水と偽り日高郡龍神村の奥杉谷山中に蟄居《ちっきょ》し後子孫当地に移り此《この》地一円に支配し村民も其召仕《そのめしつかい》の者の裔《すえ》多しとそ　代々小松弥助と云ふ

（『紀伊續風土記』(二)、歴史図書社、一九七〇年）

上湯川は十津川村五百瀬の西方で、間に山地を挟んでいるがさほど遠くない。双方の小松家に関係があってもおかしくはあるまい。

岸田氏が目を付けたのは「政所」の屋号と、五百瀬で彼が見たという旧小松家の文書である。そこには「平維盛は伊勢朝明郡《あさけぐん》〔現在の四日市市の一部など〕に立ち退き、四男小太郎は神納川に隠居した」と書かれていたそうだ。

「政所」は一般に政務をつかさどる所をさすが、中世は荘園の事務を扱う場所だった。岸田氏によれば十津川あたりでは荘司《しょうじ》の役所の意味で「江戸時代に村の名望家から選び、納税その他の業務を統括させた村落の長」という。

ここで思い出されるのは、全国の木地屋を束ねた東近江市の蛭谷、君ケ畑は政所という場所から奥地に向かうことである。岸田氏は①双方の「政所」は関係があるのではないか、②五百瀬で彼が見たという文書にあった「朝明郡」は（近江の小椋谷から）山を越えてその地を経過し、やがて五百瀬に落ち着いた経過を意味しているのではないか、と前掲の論文に書いている。

神納川流域の杉清地区に氏子狩（氏子駈）が入った一番古い記録は元禄七年（一六九四年）である。一方、『十津川』によれば、旧山手村の南家に残る宝永七年（一七一〇年）の文書には「寒之川五百瀬政所」と刻んだ円形の印が押してある。寒之川は神納川、政所は小松家の屋号だから、宝永七年には同家は五百瀬に居を構えていたのだろうか。

五百瀬は山間地とはいえ、木地屋が暮らしていたような深い山中ではない。小松家の先祖が平家の落人《おちうど》伝承をもつ木地屋だったのかどうか、それを知る確かな文書もない。その大本《おおもと》はともかく、小辺路が通る場所に移ってからは、木地屋の製品を扱ったり、村と山中の木地屋の仲を取り持ったりする有力者になった可能性はあろう。

そのあたりについて岸田氏は同じ論文でこう推測している。

元禄七年以降氏子狩が訪れている木地小屋は五百瀬本郷ではなく谷合の山中である。人里離れた山中に暮らす木地屋と本郷に住む政所の人達とは別のようである。木地屋として入った小松氏の祖先が定住地の指導者となり、木地職から離れたということは考えられぬか。

杉清地区にいつごろまで木地屋がいたかははっきりしない。『永源寺町史』木地師編上巻には明治十一年（一八七八年）の「木地師戸籍取調費集帳」が載っている。明治政府の指示で木地屋の戸籍作りに取り組んだ蛭谷村が、経費を配下の木地屋にも求めたのだろう。その中の堺県下大和国第五大区三小区吉野郡十津川杉清村で、それぞれ二十五銭を出した人物として「木地師小椋政蔵」「木地師小椋常太郎」の名が出てくる。その当時はまだ山

「維盛の墓」から見た十津川村五百瀬の風景

中で暮らしていたようだ。

興味深いことに、五百瀬には「維盛の墓」だけではなく、後醍醐天皇の皇子である大塔宮護良親王《おおとうのみやもりよし》の伝承も残っている。鎌倉幕府倒幕に失敗した後醍醐は隠岐《おき》に流される。大塔宮もわずかな手勢を連れて熊野に逃避する。『太平記』が語る熊野落《くまのおち》だ。

大塔宮は隠岐を脱出し一時権力を握った父から疎んじられ、最後は鎌倉で足利尊氏の弟直義に殺された。維盛と大塔宮への同情が、各地に二人の伝承や流離譚《りゅうりたん》を残した。

辻家の脇に立つ案内板には「平維盛

「政所」の脇に建つ案内板

の墓」と並んで「腰抜田《こしぬけた》」の説明がある。

南北朝の頃、五百瀬を通ろうとした大塔宮護良親王は五百瀬の荘司に行く手をさえぎられ、やむなく錦の御旗を渡し通行を許された。遅れてきた宮の家来村上義光は大いに怒り荘司の家来を水田に投げ飛ばし、御旗を奪い返す。その時家来が腰を抜かしたので、その田を腰抜田というようになったが、明治の大水害で埋没し今は川底にねむっている。

同じ案内板の「平維盛の墓」には「十津川村に残る伝承によれば『維盛は五百瀬に亡命し、その血統は代々小松姓を名乗り平家重代の宝刀小烏丸を伝え、屋敷は政所屋敷といった』とある。ここにある祠《ほこら》が維盛の墓と伝えられている」と記す。

まあロマンはロマンのままでいい。「大塔宮、維盛だけでなく、木地師の祖神とされる惟喬《これたか》親王もここまで足を延ばしてくれたら、悲劇の主人公のそろい踏みなのに」。私はちょっと不謹慎な思いに駆られた。

第七話　俗説の真偽　山への視線

一　好奇心が生んだ「美女」「近親婚」

大又峠から竹の平《たき》みれば　おまさ姿にゃ　ご光がさす
おまささんには　およびもないが　せめてなりたや　さくや姫

「流れ谷」と呼ばれてきた熊野市飛鳥町、五郷町《いさと》あたりに伝わる唄だ（平八州史《やすし》著『ふるさとのよもやまばなし』一九七五年、熊野市教育委員会）。

竹ノ平は北山川の支流、備後川が谷底を洗う山深いところで、古くは木地屋たちが暮ら

日本神話に登場するコノハナノサクヤビメの砂像（鹿児島県南さつま市立「歴史交流館金峰」所蔵）

した地。その娘「おまさ」の美貌をはやした里謡《りよう》である。二番目は出羽酒田の豪商本間家の財力をうらやんだ「本間様には及びもないが　せめてなりたや殿様に」のもじり。さくや姫は天孫降臨したニニギノミコトが一目ぼれしたコノハナノサクヤビメのことだ。

木地屋は里人との接触が薄く、それがいろいろな想像や思惑を生んだ。「木地屋の娘には美人が多い」というのもそのひとつ。かの南方熊楠《みなかたくまぐす》もそう思っていた。

西牟婁《にしむろ》郡二川村大字兵生に、木地屋の段という所あり。十四、五年前、木地屋五、六家来たりここを開き棲《す》めり。その後去ってなし。阿波より出でしという特種の民で、山を家とし山で生まれ山で果てる。（中略）この族神の器を作るゆえ威高く、常人木地屋と交われば威に負けるとて結婚せず。その婦女《おんな》美人多し。（「紀州俗伝」、『郷土研究』第二巻四号、一九一四年六月、『南方熊楠全集』第二巻、平凡社、一九七一年所収）

柳田國男も木地屋についての論文「史料としての伝説」（一九二五年）の中でほぼ同様の話を紹介している（『定本 柳田國男集』第四巻、筑摩書房、一九六三年）。「『郷土研究』に出て居る」とあるので、熊楠の一文を読んだようだ。熊楠や柳田という大家が「美人が多い」という伝承を受け入れているから、普通の人がそう信じるのも無理はない。

木地屋のほか、脱穀などに使うバスケット形の農具である箕《み》を作るサンカ、踏鞴《たたら》を踏んで製鉄などをした人など山間に生きた民は、平地の人びと、とりわけ稲作農民の目には自分たちとは違う「異族」とも映った。その視線には好奇心、憧れ《あこが》、偏見などが入り混じっていた。竹ノ平近くには「傾城《けいせい》（美人）木屋」という場所もあったというから、実際に美女がいたのかもしれない。

だが好奇心が高じて、「木地屋は他所との交流がないため近親婚が少なくなかった。居

大又川の上流。近世に木地屋が活躍した

住した地には『畜生谷』の地名が残っている」といった解釈がなされるのはいかがなものだろうか。

「畜生谷」の出典は幕末に仁井田源一郎（長群）が書いた『郡居雑誌』（『郡居雑記』）である。仁井田は『紀伊続風土記』の編纂に関わり、奥熊野代官も務めた。奥熊野各地の風俗を記したその著作の中に「二木嶋［熊野市二木島《にぎしま》］町」の奥に大瀛《たいえい》［大海］に面する戸あり。本郷と齢せず、世間を知らず、兄弟婚を為す。本郷の人呼んで畜生谷と曰《い》う」とのくだりがある（『南紀徳川史』第十一巻、名著出版、一九七一年）。

大正十四年（一九二五年）刊行の『南牟婁郡誌』下巻の「名所旧蹟誌《きゆうせきし》」はそこを「畜生谷遺蹟」として取り上げた。『南牟婁郡誌』編纂にあたって執筆者が現地調査をした。屋敷跡や墓地があったものの、それ以上はわからなかったと報告、次のように書いている。

此の畜生谷の住民は何《いず》れの時代に何れより来り、又何れの時代に何れへ転移したるものか、口碑の徴《しる》すべきもの無きに依り之を詳《つまびら》かにする能《あた》はざるも薪《たきぎ》あり、田あり、水あり、海あり、漁猟耕作に便なれば、世を忍ぶ人の此に潜匿《せんとく》し自給自足に依りて生活し他と交通せざりしものなるべし。

（覆刻版、名著出版、一九七一年）

『南牟婁郡誌』は抑制のきいた書き方だが、『郡居雑誌』は二木島とは別の箇所で木地屋について取り上げ、今の言葉にしてこう記した。「山中に木地挽《きじびき》と呼ぶ匠《たくみ》がいる。出身地は近江でその数は千人。山に分散して暮らし、居を定ず移転する。兄弟婚を為す。惟高（喬）親王の家臣の末裔《まつえい》と称している」。

そのあたりの記述によったのか、郷土史界で影響力のある平八州史氏が「畜生谷」について「これは熊野地方のどこの村にも見られる、木地引またはサンカとよばれた人々で何等異とするに足らないものであろう」（『新くまの風土記』熊野市教育委員会、一九八二年）と一歩踏み込んだ解釈を加えたため、木地屋＝近親婚＝畜生谷の連想を生んだのではないか。

「熊野市字《あざ》図」をみると「畜生谷」の字名はないが、『南牟婁郡誌』が「畜生谷はその上方なり」とする「竹屋尻」はある。二木島湾口からさほど遠くないところだ。林地とはいえ、そこで木地屋が必要な木々を集められる場所とは思えない。

山中を移動する木地屋と農耕の里人との婚姻は実際少なかったと思われる。三重県大紀《たいき》町崎《さき》にある大皇《だいこう》神社周辺の木地屋の生活風習を調べた報告にあらましこんな記述がある（文化財保護委員会編『木地師の習俗1　滋賀県・三重県　民俗資料叢書7』平凡社、一九六八年）。

幕末（万延《まんえん》元年・一八六〇年）に、飯南郡森村生まれの木地屋の娘すがが大内山の服部與《よ》二郎《じろう》と結婚したことは、当時としては異例に属することであった。すがは非常に美しい娘だったらしい。一方の與二郎は手足が不自由だったという。そこには何か理由があったようだ。

だが、里人との婚姻がなかったからといって「近親婚が多かった」とは言えまい。同書は「すが」の結婚を語る少し前に「木地屋は元来山から山へルートをもっていたから、伊勢ばかりでなく、大和、近江、美濃、三河、信濃などと往来があったのであろう」と述べている。つまり彼らには同業者のネットワークがあったのだ。里人との交わりは少なくても、そのネットワークを使った交流や通婚はよくあったのではないか。

木地屋は数家族からなる比較的小さなグループで移動していた。椀《わん》や杓子《しゃくし》を作る木に恵まれた場所を求めて、グループ同士の離合集散も盛んだった。その過程で気に入った同士が結ばれることも少なくなかったろう。隔絶された農村に比べたら結構「仲間内に開かれた」世界だったともいえる。

福島県会津地方の「木地のムラ」の現地調査を行った民俗学者の野本寛一氏は、奥山から里に定着した同業の村々の間で通婚したことを詳細に記している（『近代の記憶』七月社、二〇一九年）。これは書名の通り近代のことだが、近世も事情は同じだったろう。

山深く暮らした木地屋には色白な女性がいたはずだ。それが高貴な血筋という宣伝や興味本位の眼差しと相まって「美女」「兄弟婚」といった俗説を広めた、と私は思う。

二　勝手に伐採できたのか

木地屋が祖神とする惟喬《これたか》親王を祀る大皇《だいこう》神社（三重県大紀町崎）でいただいた「大皇神社のしおり」にあらましこんなことが書かれている。

木地屋は江戸中期までは日本全国の山林で必要な木の伐採をして差し支えなく、木地小屋の設置も許されていた。こうした特権が許されなくなった江戸中期以後でも「山七分（七合目）以上は伐採勝手たるべし」とされていたそうだ。

これらは木地屋の特権としてしばしば語られる。

熊野市の郷土史家小西清次氏は「木地屋には、全国どの山でも八合目以上なら立ち入り、原木の切り取り自由の特権が与えられた」(『流れ谷誌』第十九号、一九九五年)と述べ、滋賀県東近江市蛭谷で長年「木地師資料館」を守ってきた小椋正美氏は「山八合目以上は、どの山に入っても無断で伐《き》れたんや」と話す(聞き書き『長老が教えてくれたこと』ありがとうボランティアグループ編、二〇一五年)。

この手の話は江戸時代からある。江戸中期の旅行家百井塘雨《ももいとうう》の『笈埃随筆《きゆうあいずいひつ》』の君が畑(東近江市君ケ畑)の項に「此山《この》の人々は、何国に至りても、山林の立木おのが心の儘《まま》に伐取る免許の親王の御令旨《ごりようじ》を所持す」と記しているから、木地屋に関わるこの伝説の歴史は古い(『日本随筆大成 第二期12』吉川弘文館、一九七四年)。

だが彼らは本当にそんな権利を持っていたのだろうか。

『笈埃随筆』にあるように、木地屋の活動を支えたのは蛭谷の筒井公文所《くもんじよ》や君ケ畑の高松御所がそれぞれ発行する鑑札(営業許可証)、天皇の綸旨《りんじ》や昔の為政者による免許状の写しだった。小椋谷から定期的に各地を回った氏子狩(氏子駈)は、木地屋たちにこうした「お墨付き」を渡す見返りとして金銭を集めたのである。

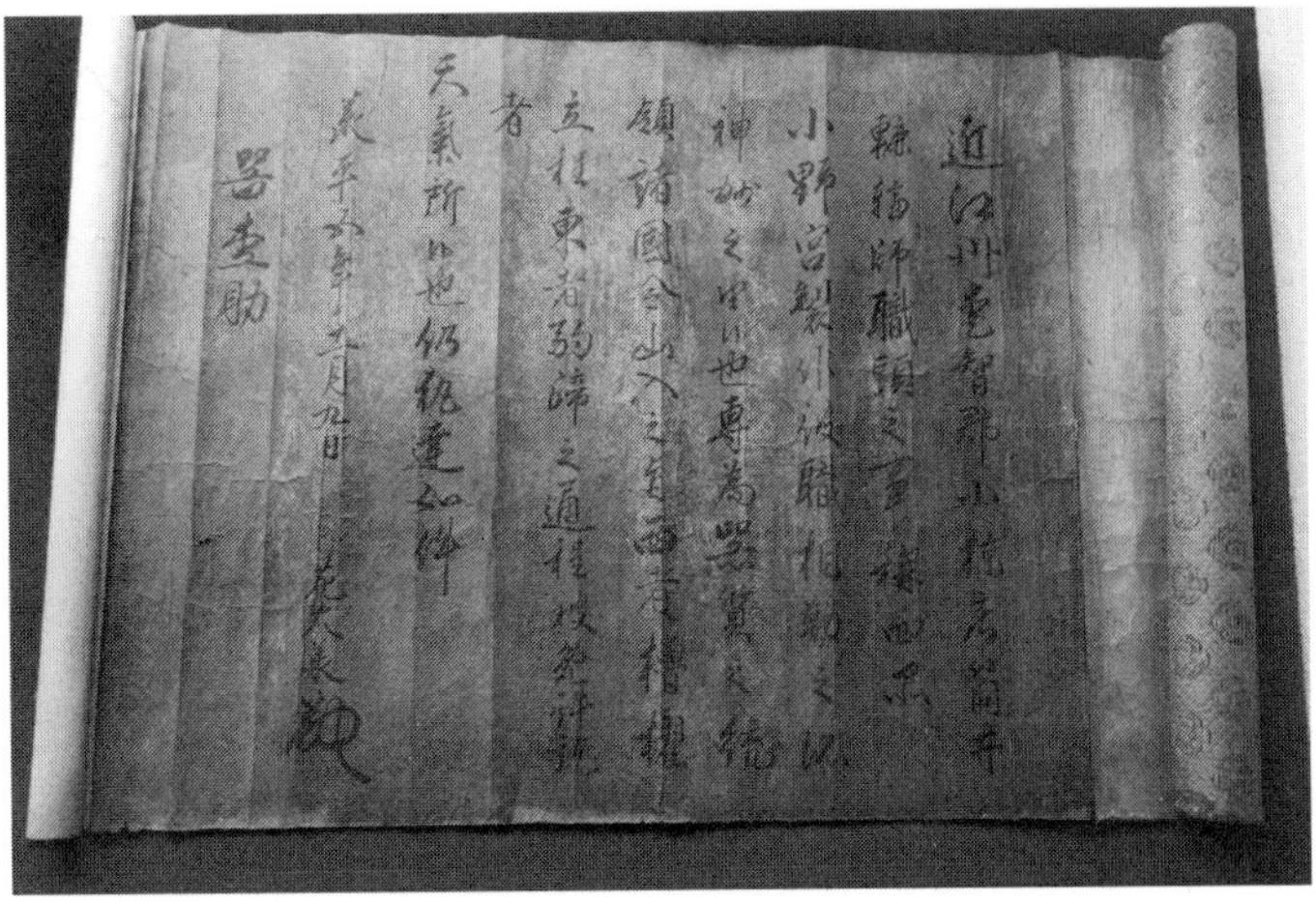

蛭谷の木地師資料館に展示されている「朱雀天皇綸旨」

「お墨付き」の中でも古い朱雀《すざく》天皇の綸旨を見てみよう。承平五年（九三五年）十一月九日の日付があり、天皇から木地屋の棟梁《とうりょう》に出された形になっている。漢文だが渡辺久雄氏の著書から今の言葉で紹介する（『木地師の世界――個人と集団の谷間』創元社、一九七七年）。

近江国愛知《えち》郡小椋庄筒井の轆轤《ろくろ》師《し》職は四品小野宮［惟喬親王］の考え出されたものを伝え、その職に励んでいるのは神妙である。これからも専《もっぱ》ら木地職の統領となり、諸国の山々、西は櫓櫂《ろかい》の立つ所まで、東は駒の蹄《ひづめ》の通う所まで、自由に入ることを許す旨の天皇の御言葉を伝える。

「西は櫓櫂の立つ所まで、東は駒の蹄の通う所まで」は「日本中どこでも」という意味で、中近世の職人仲間のもつ綸旨、免許状の決まり文句である。

一方、免許状は足利尊氏、丹羽《にわ》長秀、増田長盛のものという文書が残されている。そのうちでは古い足利尊氏の「御内書」（延文二年＝一三五七年三月十二日付）は「諸国における木地引たちの山手［山手銀＝樹木に対して払う税］はこれまでの取り決め通り。諸役や関（関税）などの免除も認める」とある。

ほかの文書も「商売は従来通りで差し支えない」といった内容だ。ただ、こうしたいわゆる免許状には「七、八合目以上は自由に伐採してよい」といったことは書いていない。

実態はどうだったか。ときに無断伐採のトラブルはあったろうが、地元との話し合いを経て取り掛かる例が多かったと思う。木地屋たちはその山での仕事が採算に合うと踏めば、伐採権について地元の村と契約を結んだ。

笠原正夫氏の『近世熊野の民衆と地域社会』（清文堂出版、二〇一五年）は、宝暦十三年（一七六三年）四月、牟婁郡西川村、平井村と佐田村（ともに現・和歌山県古座川町）の山主五人と木地屋三人が結んだ契約書を紹介している。

三村の山主（善大夫、三大夫、平右衛門、長兵衛、兵次助）が木地屋（平蔵、長三郎、市郎兵衛）と交わしたこの契約書は、「木地口銀定証文」として『古座川町史』近世資料編（二〇〇五年）に載っている。それによると、使用する轆轤一丁につき一か月（銀）五匁八分三厘四毛（一匁は三・七五グラム）を払って入山を認められ、用材がなくなるまで仕事をする。伐採の範囲は東西南北具体的に記され、住まい近くで菜園をつくる場所も借り受けている。代金は年に二度山主に渡す契約だ。


一方、今の熊野市に置かれた紀州藩の奥熊野代官所が北山組と入鹿《いるか》組の大庄屋にあてた書状（元禄七年＝一六九四年）によれば、御払木（紀州藩か新宮城主の支配する山林）の入札を木地屋たちにも認めている（「木地屋の村」、『紀和町史』下巻、一九九三年）。逆に言えば、木地屋たちは勝手に活動できず、「山手銀」を払わなければならないわけだ。ほかの地域でも、多くの場合、木地屋は代金を払ってその山の木々を利用したと思われる。

天皇の綸旨や権力者の免許状（木地屋は写しを持ち歩いた）の多くは偽書とされているが、各村はそれなりの見返りさえあれば、惟喬親王の由緒書を含め文書が本当だろうと偽だろうと構わない、ということだったのかもしれない。

紀州藩には「留木《とめぎ》」制度があった。ケヤキ、クス、カヤ、スギ、ヒノキ、マツの六木は伐採禁止とされた。寺院や城郭、各種建築用のこれらの樹木は藩の重要資源だったからである。一方、木地屋が椀や盆、杓子などにもっぱら使う木はトチ、ブナ、ミズメ、ホウ、クリなどで「六木」に比べると監視が緩かった。役所や地元の村からすれば、木地屋がしばらくでもそこに住み着けば、盗伐や山火事への見張り役にもなるとの目論見《もくろみ》もあったのではなかろうか。

それにしてもなぜ「七、八合目以上は自由」といった言い伝えが残っているのか。

まず、山頂付近は伐採や切り出しに手間がかかるから大目に見られた事情があろう。植林も山頂は外すそうだ。熊野各地の営林署で長年働いた竹平巨嗣《ひろし》氏は「山の上の方二、三割は植林せずに残す場合が多かった。植林や搬出の労力のほかに、落葉樹の葉が下のヒノキやスギの栄養になるからです」と私に語った。

炭焼きや植林などに携わってきた作家の宇江《うえ》敏勝氏は「頂上に近い部分や稜線の突起部

分は、保残帯として自然林を残すことになっていた。山全体を刈り剝《は》いでしまうと瘦地化《そうちか》するおそれがあり、また尾根などはもともと土壌も浅くて、植林しても経済効率が悪いとされているからである。それに全体を杉や檜だけでおおってしまうと、自然のバランスを崩すおそれもあると考えられた」と書いている（『山びとの記』新宿書房、二〇〇六年）。

紀州藩は自然林の伐採だけでなく植林にも熱心だったから、山の上の方は比較的「自由地帯」だったのかもしれない。

だが近世の後半、薪炭（たきぎや炭）需要の増加などを背景に、地元の村々も以前ほど「よそ者」に鷹揚《おうよう》に構えていられなくなった、という事情もあったのではなかろうか。炭焼きに転じた木地屋も少なくなかった。

またキリスト教取り締まりから始まった宗門改《しゅうもんあらため》に、人口を把握するなどを目的とした人別改《にんべつあらため》が「合体」し、木地屋の活動の自由も狭められていった。そして戸籍制度が整備された明治になって、木地屋の衰退が決定的になった。

江戸後期の文政年間に植えられた文政杉。以来、巨木が保護されてきた（熊野市飛鳥町の大又国有林）

第八話　菊の紋章　決めつけは危ない

二〇一九年三月二十七日、私は熊野市歴史民俗資料館の更屋《さらや》好年《よしとし》館長、友人の向井弘晏《ひろやす》氏らと熊野市の北部、尾鷲市との境に近い大又国有林に分け入った。目的地は池の宿《しゅく》。さらにその奥の竹《たき》ノ平とともに、近世木地屋たちが活躍した場所だ。第五話で述べたように私はその後、池の宿を再訪することになる。

道の駅「熊野きのくに」の少し先から国道四二号と別れ、大又林道を保色山《ほいろやま》のすそ野を登る。林道の入り口に三重森林管理署が管理するゲートがあり、更屋氏が借りた鍵で鉄門を開いた。

幕末は文政六年（一八二三年）に植えられた「文政杉」の巨木に感心し、しばらく進むと開けた場所に出た。戦後、国有林の管理、伐採、木材搬出などの拠点となった事業所が置かれたところだ。

現在の池の宿は建物もなく石垣や広場に往時をしのぶばかりだが、建物跡を少し上ったところに、崩れかけた木製の祠《ほこら》が目に付いた。山の神を祀った社である。長く営林署に勤務した竹平巨嗣《ひろし》氏によれば、大又事業所が竹ノ平から池の宿に移った時に一緒に移転したそうだ。昭和二十八年（一九五三年）頃のことだった。

そこには大山祇神《おおやまづみ》と五十猛神《いたける》が祀られていた。神話によれば、前者は天孫降臨したニニギと結ばれたコノハナノサクヤビメの父、後者はスサノヲの子で樹の種をもって天降り、紀伊国《きのくに》の大神になった。

傾いた社殿に木製の「男根」が立てかけられている。これは山の神を女性とする信仰だろう。

私が注目したのは社殿の正面と屋根に付けられた飾りである。正面の屋根の下の飾りは十六弁の菊花紋を思わせ、屋根の四か所にも似た飾りが施されている。普通の山の神の社

池の宿に残る山の神の祠と屋根の下の飾り（熊野市飛鳥町）

ではあまり見られないから、この社殿自体は新しくとも、こうした紋章を好んだ木地屋の流れをくんだデザインではなかろうか。

惟喬《これたか》親王を祖神と仰ぐ木地屋が山の神も崇《あが》めたことは理解できる。法華経の軸木の回転から轆轤《ろくろ》を考案し、近江小椋谷の里人に伝授したとされる親王。椀《わん》や杓子《しゃくし》に欠かせない良木をもたらしてくれる山の神。その双方が結びつき木地屋の居住地に祀られた。問題は紋章である。池の宿はそうであったとしても、菊花紋がついているから木地屋関連の遺物だと断定したり、はなから菊花紋と思い込んだりするのは、ちょっと危ない。柳田國男はそれに疑問を投げかけた。木地屋の歴史や惟喬親王伝承を分析した「史料としての伝説」のなかで、彼はこう述べている。

遠刈田《とおがった》［現在の宮城県蔵王町］新地の木地屋たちが、［近江から招かれた木地頭］佐藤氏の家紋と称して用《もち》ゐて居る源氏車は、これ亦《また》王孫流寓《りゅうぐう》［高貴な人物が放浪して異郷に住む］の伝説を研究する者の、看過すべからざる一点である。この車は多分十六本の輻《やがら》［支柱］を有し、甚《はなは》だしく菊花御紋章に紛らはしいものだらうと推測する。［中略］所謂《いわゆる》十六の車輪、即ち放射線の十六本ある円盤紋様だけは、正しくこの人々の意匠に出で、且《か》つ恐らくは彼らの携へて居た轆轤の応用であった。

（『定本　柳田國男集』第四巻、筑摩書房、一九六二年）

初期の手引き轆轤は、巻いた縄を交互に挽《ひ》いてろくろを回す人と、その端に付けた円形の木を金具で削る人と、二人で組む。轆轤を横から見ると軸は車輪や花弁のようにも見える。当初は源氏車（御所車）の車輪を図案化、自分たちの紋にしていた木地屋たちが、惟喬親王伝承に乗って「やんごとない筋につながる」菊花紋に見立て、喧伝《けんでん》したのかもしれない。

『北山村史』上巻（一九八四年）の「木地師の里」の項によると、菊の花が天皇の紋章として使用されたのは、十二世紀から十三世紀の後鳥羽天皇（八十二代）、後深草天皇（八十九代）、亀山天皇（九十代）、後宇多天皇（九十一代）の時代だけだという。十六弁の菊花が公式に皇室の紋とされたのは明治二年（一八六九年）の太政官布告で、それが正式決定されたのは大正十五年（一九二六年）の皇室儀制令によるそうだから、案外新しいのである。

加えて熊野の場合、皇族が絡んだ流離譚《りゅうりたん》が多いから判別がやっかいになる。都での権力闘争に敗れたり、再興を期したりする人々は南の吉野、熊野に活路を求めた。

後醍醐天皇、その子の大塔宮《おおとうのみや》護良《もりよし》親王、後南朝の尊秀《たかひで》王（自天王《じてんのう》）、弟の忠義《ただよし》王、彼らの弟とも叔父ともいわれる尊雅《たかまさ》王など数多い。

鎌倉幕府倒幕に失敗した後醍醐が隠岐島《おきのしま》に流された後、大塔宮はわずかな手勢とともに熊野に逃避する。『太平記』が語る「熊野落《くまのおち》」である。父のため必死に戦ったのに疎んじられ、最後は鎌倉で足利尊氏の弟直義に殺された。

悲劇の皇子への同情もあって大塔宮人気が高いことは、かつて和歌山県にも奈良県にも「大塔村」があったことでもうかがえる。前者は現在、田辺市大塔地区に、後者は五條市大塔町になった。

私は「年の瀬に大塔宮がここを通られた」と伝わる田辺市鮎川地区で「餅なし正月」を取材したことがある。粟餅《あわもち》を所望した宮にすげなくしたことを恥じて、正月に餅を食べないというかつての風習である。

奈良県の旧大塔村では、宮を助けた地元の豪族竹原八郎と甥の戸野兵衛は今も地元の自慢だ。

後醍醐天皇の流れをくむ南朝、後南朝人気もしかり。熊野市飛鳥町の光福寺には傷ついた尊雅王がたどり着き、そこで亡くなったとの言い伝えがあり、皇子の位牌などが残る。他にも熊野には南朝遺構なるものが少なくない。そこに菊の紋章はつきものだ。

我が家の近く、熊野市波田須町の「元宮」といわれる場所に石の小祠《しょうし》の屋根が残り、菊花紋が刻まれていることは第三話で述べた。大塔宮とも後南朝とも関係なさそうだから、あるとすれば山中から里に下りてきた木地屋が運んできたのかもしれない。

だがたとえば、新宮市熊野川町の奥地、那智勝浦町に通じる県道わきにある鎌塚高倉神社の場合はどうだろうか。熊野川にそそぐ赤木川流域には高倉神社が点在し、奥地に行くほど社殿をもたない神社が多くなる。鎌塚は石組みの上に木製の小社殿が載っているが、もとは無社殿だった。

鎌塚高倉神社の灯籠に彫られた菊の紋章（新宮市熊野川町）

鎌塚高倉神社の灯籠に十六弁の菊の紋章が彫られている。灯籠は文政九年（一八二六年）に氏子が寄進した。なぜ菊の紋章が付いてい

るのか、そのあたりのことはわからない。

菊花紋をもつ石造物は尾鷲市小脇町にもある。賀田湾に沿って走る国道三一一号沿い。砕石の積み出し地の近くに建つ「小脇庚申《こうしん》」と呼ばれる小像を守る石の祠《ほこら》の屋根に十六弁の紋章が彫られているのだ。賀田町に住む大川善士《ぜんし》氏（昭和十年生まれ）が教えてくれた。

中の石像に比べると覆いの屋根や柱は新しそうに見え、菊花紋も摩耗していない。造り替えられたのであろうか。大川氏によれば「失くし物をしたときに庚申様を縛ってお願いすると、よく出てくる」と評判だそうだ。

「小脇庚申」(右頁)とその屋根に彫られた菊花紋(尾鷲市小脇町)

『三木里郷土史』(今昔学習会編、二〇〇五年)は石像と菊花紋の由来についてあらまし次のように推測している。

二十八回も熊野へ通った後鳥羽上皇は菊の花をこよなく愛していた。熊野からこの地を通って伊勢に御幸《ごこう》された折に、庚申様を祀らせたのではないか。

賀田の山中には近世、木地屋が多くいた。彼らを目当てに、たとえば宝永七年(一六七九年)に蛭谷から の氏子駈が近辺をこまめに回っている。木地屋たちの寄進がいつのまにか鎌倉時代初期の熊野御幸の話にまで発展した可能性はないだろうか。それとも南北朝時代に熊野沿岸で活発に動いたという南朝方の海上勢力が「菊花紋」に絡んでいるのか。真相はわからない。

第九話 「善吉サイ」の墓 古座の奥山に生きた一族

ある木地屋の妻の墓が、私の空想を膨らませた。

和歌山県東牟婁《ひがしむろ》郡古座川町松根。古座川の上流に位置し、峠ひとつ越えると新宮市熊野川町という山間の集落である。臨済宗永泉寺裏手の斜面に並ぶ墓石の中にその墓はあった。仏像を載せた石の正面に「紅林智葉信女」と戒名が彫られ、右手の脇に「安政四巳〔一八五七年〕七月二十五日」、左脇に「木地師善吉サイ　ソメ」とある。

永泉寺を兼務する宝音寺（古座川町小川）の伊藤収工住職が、永泉寺の過去帳を調べてくれた。「ソメ」の名は墓石に刻まれた通り載っており、幕末に同寺で葬儀をしたことがわかる。

「木地師善吉サイ」の墓。後ろも木地屋の墓だ（古座川町松根の永泉寺）

その墓の存在を教えてくれたのは串本町中湊に住む上野一夫氏だ。熊野古道大辺路《おおへち》の整備や保存を続けてきた「大辺路刈り開き隊」の隊長さんである。彼と松根を訪れたのは二〇一九年九月八日。同じく友人で古座川界隈の歴史や民俗に詳しい神保圭志氏も同行してくれた。

古座川に沿って国道三七一号を進み七川《しちかわ》貯水池の場所から県道二二九号を北上すると松根地区に入る。渓谷の向こうに大杉と神社が見えた。応神天皇・天日神《あめのひのかみ》・飛龍神を主祭神とする川岸神社だ。そこに行くには川まで下りて吊り橋を渡るが、対岸の拝所からの遠望も悪くない。

バスの終点、松根集落は二十二軒、三十四人が暮らす。ここのハチミツは大河《だいこう》蜂蜜として知られており、現在も数軒が養蜂を営んでいる。

標高一一二二メートルの大塔山のふもと、松根には江戸時代木地屋が少なからずいたようだ。『永源寺町史』によれば、君ケ畑から元禄七年（一六九四年）「松ね山」に、蛭谷から同年に「松ね村大屋谷」、宝永四年（一七〇七年）「紀州松根」「松根とろこか谷」、安永

古座川の対岸に鎮座する川岸神社

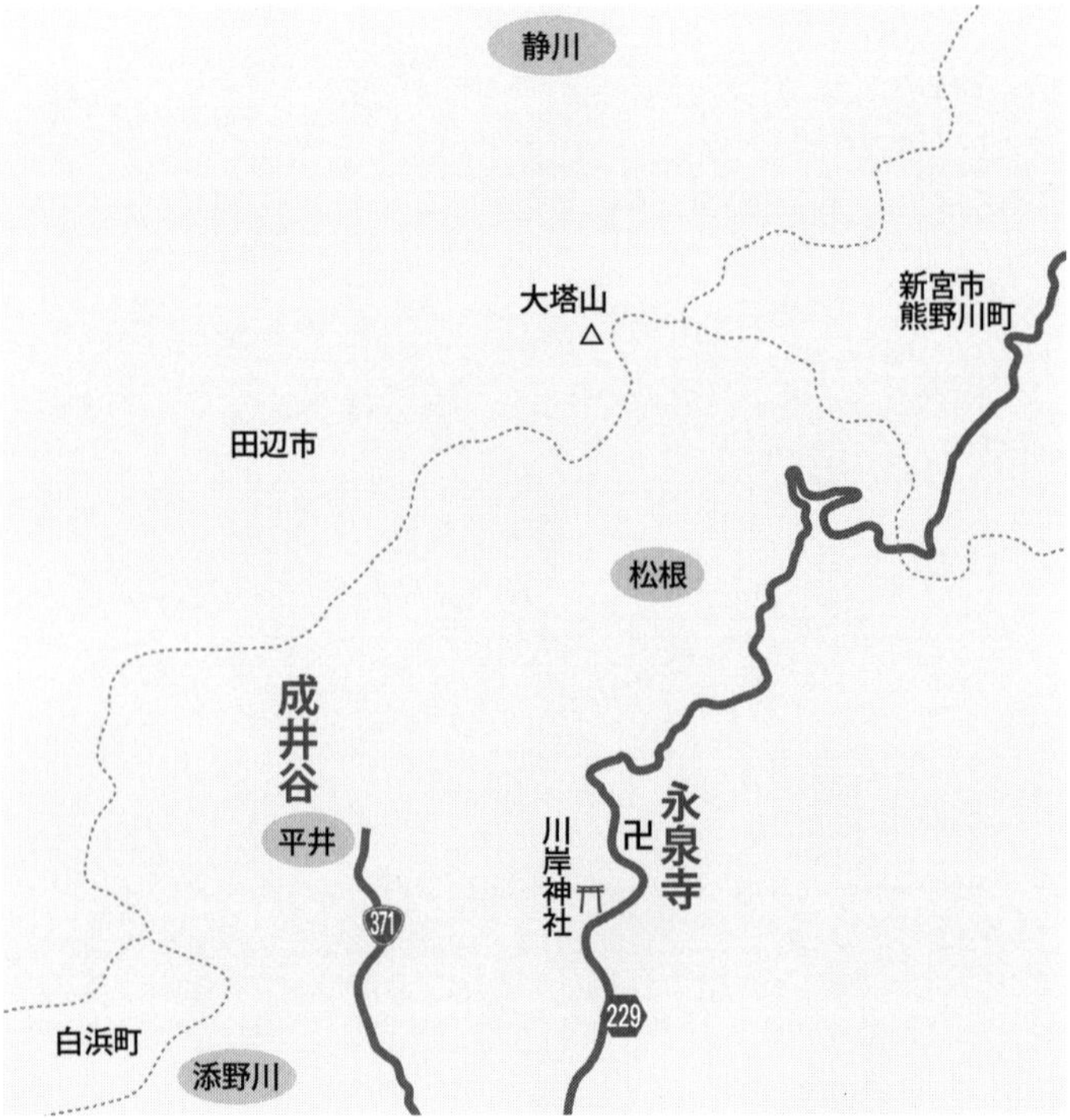
静川
大塔山
新宮市
熊野川町
田辺市
松根
成井谷
平井
371
川岸神社
永泉寺
229
白浜町
添野川

九年（一七八〇年）「松根山」に、それぞれ氏子狩《うじこがり》（氏子駈《うじこがけ》）が集金に回った。トチやケヤキなど木地屋が好む木が多かったのだろう。

冒頭に述べた「木地師善吉サイ」の墓に私がなぜ注目したかというと、松根の西方数キロにある平井地区で嘉永二年（一八四九年）に地元平井村と木地屋仲間の間で取り交わされた立木売買の契約書が残っており、その中に「木地師　善吉」の名があるからだ。双方の距離や年代の近さから、松根に葬られたのは立木を買った善吉の妻と考えていいのではなかろうか。

『古座川町史』近世資料編（二〇〇五年）に載っているこの文書（平井保郷会文書）は、木地屋と地元の金銭売買契約書のひとつとしても貴重なので、その全文を紹介したい。

木地木売附《うりつけ》一札之事

当村領成井谷惣山《そうやま》［共有の山］ニテ

一栩　幷《ならびに》雑木山壱ケ所

境目　成井谷出口ゟ《より》奥者《は》栂《とが》の硲谷《はざまたに》高尾谷迄　西東べら者折合谷々硲々交《まじり》なし有次第

代金四拾三両也　内江手附金弐両請取申候《うけとりもうしそうろう》

右之通栃木《とちき》古来ゟ立木山ニ致し御座《ござ》候処《そうろうところ》、此度《このたび》村中相談を以《もって》木地壱《ひ》ト通り売渡し申処《もうしところ》実正《じつしょう》ニ御座候、年限之儀者当酉《とり》ノ十月ゟ来ル子《ね》ノ年迄三ケ年切ノ筈《はず》ニ而《て》御稼キ取候筈、依而《よって》木地山売附如件《くだんのごとし》

嘉永弐年酉ノ十月

売主　平井村庄屋　安之右衛門

同村肝煎《きもいり》　覚右衛門

木地師

平右衛門殿

善吉殿

茂右衛門殿

現在の古座川町平井集落から北西に上る渓谷が成井谷である。そのトチ（栃、栩）の木の多さにこの木地屋仲間が目を付け、三年間の伐採権を四十三両で買う（うち二両は手付

金）契約を村側と結んだ。その時に交わされたもう一枚の契約書には、残金の六割を十月中に支払うとしているので、この木地屋集団は結構金持ちだった。またそこには三人の木地屋に加えて岩右衛門の名も記されている。

松根集落の墓地に話を戻すと、木地師善吉の妻の墓のすぐ後ろには、同じくらいの大きさでこれも仏像を載せた墓石があった。安政三年（一八五六年）一月十二日が命日の「木地師庄兵エ」と、嘉永六年（一八五三年）二月二日の妻の墓である。永泉寺の過去帳に二人の名はなかった。

案内してくれた上野氏によれば、古座川町史編纂室長を務めた後地《うしろじ》勝氏（故人）は「この木地屋一族は添野川《そいのがわ》から来たと聞いた」と言っていたそうだ。古座川町添野川は平井地区の南方、お隣の地区である。安永九年（一七八〇年）には「添野川山」にも氏子駈が回っている。添野川あたりの良木が少なくなったので平井村の成井谷を狙ったのかもしれない。

氏子駈帳をめくって、面白いことに気付いた。文政十三年（一八三〇年）に蛭谷からの一行は「紀州室郡静川村山」「紀州室郡静川奥長谷山」を回って氏子料や初穂料を集めた。

静川は現在の田辺市本宮町静川地区。大塔山をはさんで北に静川、南に松根が位置する。氏子駈帳の「静川村山」での奉納者の中に「小椋平右衛門」が、また「静川奥長谷山」に「小椋岩衛門」「小椋善吉」「小椋茂右衛門」の名がそれぞれあるのだ。平井村でその後、山の立木を買う契約書を結んだ四人の名が静川の氏子駈帳に並んでいることは、偶然にしてはできすぎている。静川への氏子駈（一八三〇年）と平井村での買付（一八四九年）は十九年の差があるが、木地屋は小グループで近場を移動することを考えると、静川から添野川を経て平井・松根と渡った可能性はあるのではなかろうか。

善吉の妻の墓はあるが、善吉本人の墓についてははっきりしたことはわからない。松根の「木地師善吉サイ　ソメ」墓の隣りに、「秋岩良喜信士」の戒名、両脇に「明治二十五年［一八九二年］八月十六日」「小椋善吉」と彫った、ひとまわり大きな墓石が並んでいた。「小椋善吉」の名に色めき立ったが、①時代が下りすぎること、②永泉寺の過去帳では故人が「瀧川喜六の父」と記されていることなどから、幕末期の木地屋善吉とは別人だろう。里に定着し、善吉の名を引き継いだ人物が一族の眠る墓所に葬られた。私はそんな想像をした。

「善吉サイ」の墓（手前左）の右隣りに「小椋善吉」の墓がある

第十話　『紀伊続風土記』は語る　旧牟婁郡の伝承

一　魂が入れ替わった

木地屋たちはふだん、山中でひっそり暮らしている。だから近世の旅日記や名所図会の類にはほとんど登場しない。だが、柳田國男はさすがである。紀州藩の地誌『紀伊続風土記《きいしょくふど き》』の中から「木地引」「木地を作る者」という記述を三か所探し出し、木地屋伝承を語った論文「史料としての伝説」で紹介している（『定本　柳田國男集』第四巻、一九六三年）。『紀伊続風土記』は儒学者の仁井田好古《にいだこうこ》、本居内遠《もとおりうちとお》らが文化三年（一八〇六年）に編纂に着手し、天保十年（一八三九年）に完成した。柳田が取り上げたのは牟婁郡《むろ》（現在の和歌山

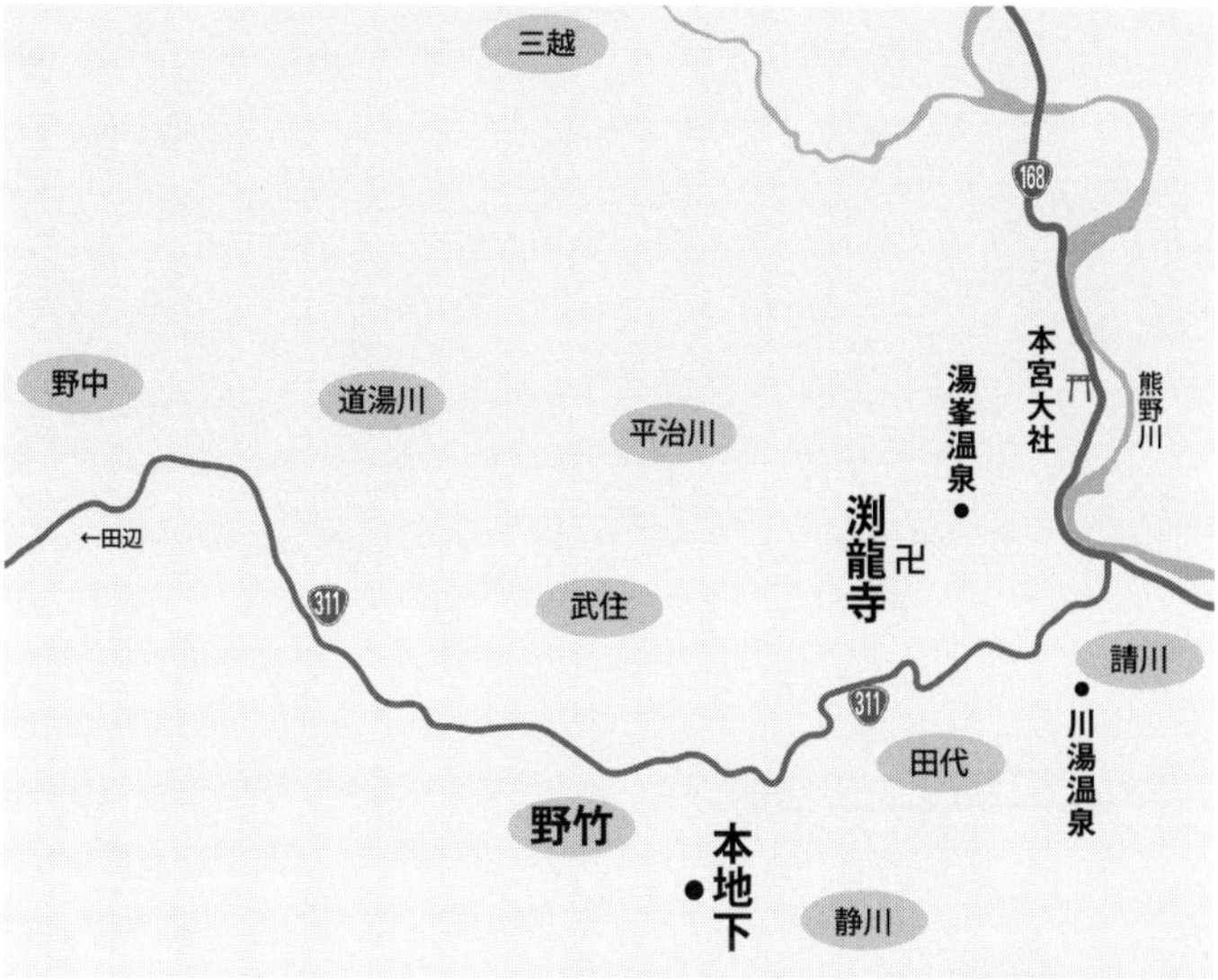

県と三重県）の事例だ。

まず牟妻郡四村荘《よむらしょう》野竹《のだけ》村。矢に用いる竹が多い地を開墾したことが村名の由来とされる小村だ。現在は田辺市本宮町野竹、本宮から田辺に向かう国道三一一号の南手の山間地である。『紀伊続風土記』野竹村の項に「異事《いじ》」（変わった事件）として載っている話が面白い。

○異事
元文《げんぶん》年間［一七三六―一七四一年］村中に弥七郎《やしちろう》といふ者七十歳許《ばかり》の男あり　病気にてふと悶絶す　家内驚きて声々に喚《わめ》活けしに暫《しばらく》ありて蘇《よみがえ》

り続きて病気も平癒《へいゆ》せり　然《しか》れとも是《これ》より言語態度頓《とみ》に変はり妻子をも知らす所　親《しん》集まりて是を考ふるに熊野の人にあらす　木地引の言語となれり　木地引者《は》近江国の詞《ことば》多く熊野の地の詞とは異なり　其《その》頃当村の奥山に住みし弥七郎といふ木地引の死せしあり　其魂のいまた消失せさりしに同し名を声々に呼けるにより此所《ここ》に寄り来て其体中に入替りたるなるへし　奇といふへし　蘇生の後十余年を経て死せしとそ

（『紀伊續風土記』㈢、歴史図書社、一九七〇年）

古来この国には「魂呼《たまよ》ばい」という習俗がある。死者の魂は近くを浮遊する。それを体内に呼び戻せば生き返る。そう信じていた人びとは屋根にのぼったり井戸をのぞいたりして大声で名を呼んだ。幸い弥七郎は蘇生し元気になったが、妻子もわからず、木地屋のような近江訛《なま》りになってしまった。たまたま同じ頃、山奥に暮らしていた同名の木地屋が死に、人びとがその名を呼んだので、彼の魂が里人の体に入ったらしい。不思議なことだなあ、というわけだ。

森林資源に恵まれていた野竹村周辺には木地屋が多かった。彼らを目当てに近江小椋谷の蛭谷からも君ケ畑からも氏子狩（氏子駈）が回っている。

蛭谷の氏子駈帳（『永源寺町史』木地師編上巻。カッコ内の現在地名も町史による）によれば以下のようだ。

▼元禄七年（一六九四年）

紀伊熊野三越《みこし》山木地屋（本宮町三越）

熊野新宮奥三越山（同）

田代山木地や（本宮町田代）

▼宝永四年（一七〇七年）

ぶちう山つゝらかう木地屋（同町武住）

へいじ川この木地屋（同町平治川）

小々森山木地屋（同町小々森）

しつ川山さとまさ木地屋（本宮町静川）

静つ川山金名木地屋（同）

かねが薪木地屋

つくら谷木地屋（本宮町）
上かね名木地屋
本宮にかい堂内（本宮町）
▼享保五年（一七二〇年）
紀州室郡野中山木地屋（田辺市中辺路《なかへち》町野中）
武住山器地屋（本宮町武住）
▼元文五年（一七四〇年）
受川組松畑村（本宮町請川）
紀州ゆノ川山ミやうとさか木地屋（中辺路町道湯川）
▼寛延四年（一七五一年）
室郡野中山木地屋（中辺路町野中）
▼安永九年（一七八〇年）
七河山笹之瀬川（本宮町静川）

一方、君ケ畑関係の氏子狩帳（『永源寺町史』木地師編下巻）には以下が載っている。

▼元禄七年（一六九四年）（奉加帳）
三越山木地屋（本宮町三越）
みこし山まかり谷（同）
ミこし山（同）
▼文化五年（一八〇八年）（初穂帳）
紀州室郡受川小がし山（本宮町皆瀬川）
▼同年（人別帳）
紀州室郡受川こがし山（同）
同郡こぐるす山（本宮町）

注目されるのは、野竹村で異事が起きた元文年間の元文五年に蛭谷からの集金人がそのあたりを訪問したことだ。現在の三重県飯南郡、多気郡あたりから奈良県川上村、上北山村を経由して三重県紀和町、和歌山県本宮町、中辺路町、奈良県十津川村、和歌山県龍神村、海南市黒江などをこまめに回った。この時、弥七郎が寄進した記録は探せなかった。

住職が木地屋の墓を弔った渕龍寺

『紀伊続風土記』は執筆者自らが現地で取材するか、地元の大庄屋などからの聞き取りで編纂された。「生き返った弥七郎は近江言葉だったそうです」という報告は、村人も木地屋に接する機会があり、彼らの「故郷」が近江であることを知っていたことを示す。木地屋が作った製品を買ったり米や味噌を売ったりするなど、両者の接触はあったろう。

本宮町小々森に住む友人の松本純一氏から「渕龍寺《えんりゆうじ》（同町下湯川）の住職が以前、野竹の奥で林道の工事をしている際に見つかった木地屋の墓の供養を頼まれた」という話を聞き、二〇一九年八月二十六日に臨済宗の同寺を訪問した。松本氏は、戦後八年ほど野竹に住んでいたという日浦貞勝氏（昭和七年生まれ）を連れてきてくれた。

「三十年も前のことでした。工事現場から少し上ったところに小さな石塔があり『木地師』と彫られていました。名前があったか覚えていない。どこかから来てここで亡くなったのでしょう。経をあげて弔いました」。九鬼《くき》聖城住職（昭和三十三年生まれ）はそう話す。

九鬼氏は、兼務している宝泉寺（本宮町静川）に残された江戸時代の過去帳から木地屋の銘のある戒名を選び出して見せてくれた。野竹は宝泉寺の管轄範囲で、戒名の多くは野竹にいた木地屋家族のもののようだ。

了翠禅定門　木地屋新八子　正徳六年（一七一六年）四月
心月妙意信女　木地屋市郎兵エ妻　正徳六年五月
雪岸禅定尼　木地屋伊左エ門サイ　享保元年（一七一六年）十二月
林誉妙讃信女　木地屋久右エ門サイ　享保二年（一七一七年）正月
月輪妙皓信女　木地山新八妻　享保二年八月
峯岳良休信士　木地屋常右エ門　天明四年（一七八四年）二月

野竹山中の旧道沿いにある地蔵像。「安永九」(1780年)と刻まれた台座の上に載っている

これら木地屋一族がどうして宝泉寺の過去帳に載っているのか。九鬼氏によれば、檀家でなくても葬式を頼まれれば過去帳に載せたという。山から山へ渡り歩く木地屋家族にはそんなケースもあったろう。

現在、本宮町請川に住む日浦氏は中学生時代に田辺で終戦を迎え、母親が疎開していた野竹の本地下《ほんじげ》地区に移った。「夕刻田辺を出て、自転車そして徒歩で翌朝の五時にやっと着いた。そこで八年間、山仕事をしました。田辺とは別世界。水がきれ

本宮町野竹の風景

いないいところでした」。

戦後そのあたりにもう木地屋はいなかった。でも地区から少し上った「金太郎墓」と呼ばれたところに「昔、刳《く》りものを作りながら薬草を栽培していた人がいた」という言い伝えを聞いたことがあるそうだ。

九鬼氏は木地屋の墓があった場所をよく覚えていないというが、「金太郎墓」から遠くはなさそうだ。というわけで、みんなで現地に車を走らせた。

川湯温泉から県道二四一号を静川に向かい、静川小学校の近くで大塔川を渡って林道に入った。上ること約十五分、前年夏の台風で道が大きく崩落し、通行止め。「金太郎墓」や「本地下」を目前にして断念せざるを得なかった。残念だが、山また山の野竹の景色を一望できた私は満足した。

二　ふたりの貴人を混同

もうひとつ、『紀伊続風土記』の牟婁郡に木地屋が登場するのは栗栖川荘芝村《くりすがわしょう》（現在の田辺市中辺路町栗栖川）である。本宮町の西方、富田川《とんだ》に支流の鍛治屋川がそそぐあたり、中辺路《なかへち》の要所だ。そこには「ここからが御山《おやま》（熊野三山の聖域）」とされた滝尻王子があり、上皇や法皇の熊野御幸《ごこう》では歌会などが催された。

芝村にある歓喜寺に小さな字で「小倉山《おぐらさん》」と付け加えられ、その説明が別にある。

○小倉山
下芝にあり　土人《くにひと》［地元の人］此《この》山の事に大塔宮《おおとうのみや》の故事を伝ふれとも大塔宮此地に至り給ふ事なし　伝《つた》への誤《あやまり》なり　土人云ふ　昔大塔宮熊野へ落給ふ時　此山に登り給

ふに小家あり　其業《そのわざ》を尋ね給へは木地を作る者と云ふ　其家に一宿し木地職を許し給ふ　故に此山上を木地か平と云ふとそ　此事或《あるい》は惟喬《これたか》親王のことを訛《なま》り伝へしにや
（『紀伊續風土記』㈡、歴史図書社、一九七〇年）

惟喬親王と大塔宮護良《もりよし》親王には共通項がある。ともに天皇（五十五代文徳天皇、九十六代後醍醐天皇）の皇子ながら悲劇の主人公となった。前者は皇位争いに敗れ、後者も熊野への逃避行のあと征夷大将軍になったものの、父から疎んじられ最後は鎌倉で殺された。それぞれ紀州各地に伝承があるから混同されやすい。

『紀伊続風土記』は「大塔宮が木地屋に免許を与えたというが、宮はここ（芝村）には来ていないから、惟喬親王と取り違えた伝承ではないか」と書いている。惟喬親王を祖と仰ぐ木地屋には小椋、小倉姓が多いから、寺の山号と関連があるかもしれない。

ただ私には大塔宮伝承も捨てがたい。滝尻王子から富田川をしばらく下った旧大塔村鮎川地区に宮の伝承が根強く残っているからだ。

鎌倉幕府倒幕に失敗した父後醍醐は隠岐島《おきのしま》に流される。大塔宮はわずかな手勢と熊野に

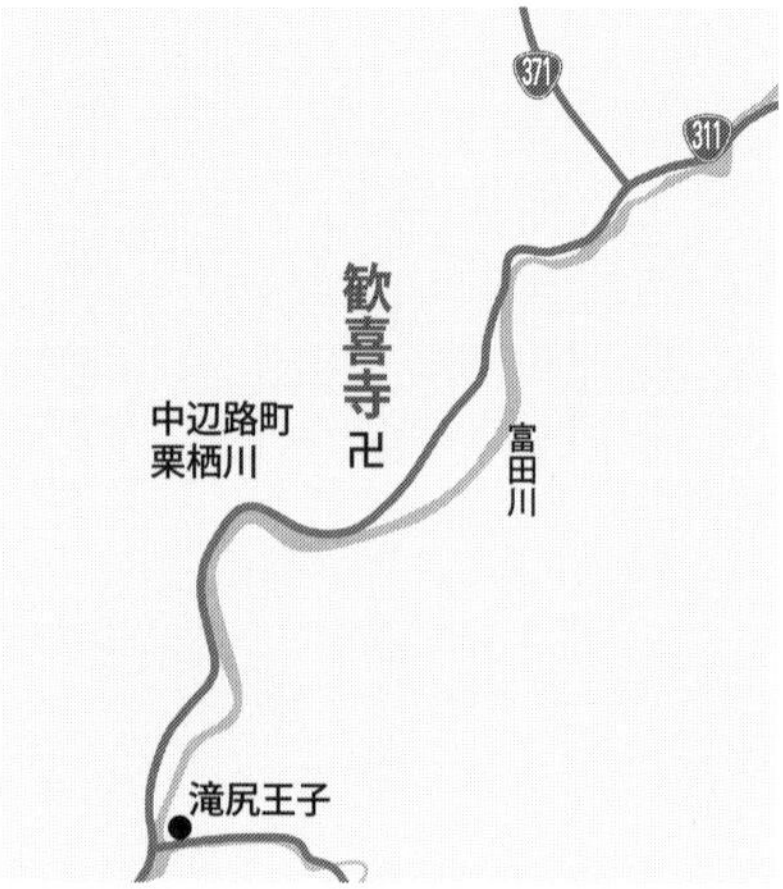

逃れた。鮎川を通ったのは年の瀬。地元の農家は正月用の粟餅《あわもち》をついていた。空腹の宮は所望したが、落人《おちうど》への施しはご法度《はっと》、どの家も断った。後に高貴の一行と知った里人は非礼をわびて正月に餅を食べぬことにした。いわゆる「餅なし正月」伝説だ。

大塔宮の六百年忌が京都大覚寺で営まれた昭和十年（一九三五年）に地元が六百個の餅を奉納、禁忌は解除されたという。私は拙著『大和の鎮魂歌』の取材で二〇〇六年に鮎川を訪れたとき、「子どもの頃は正月に餅はなかった。代わりにボウリ（里芋の親芋）を食べた」と語る人に会った。

二〇一九年七月十八日、中辺路町栗栖川の小倉山歓喜寺を訪れた。山号からみて『紀伊続風土記』の小倉山はこの寺の裏山だろうとにらんだからである。

臨済宗妙心寺派の歓喜寺は栗栖川の集落から山手に結構上った場所にあった。本堂は新

滝尻王子近くの歓喜寺（田辺市中辺路町栗栖川）

しそうに見え、境内もきれいに掃除されている。

「ご覧のように山深い寺。この周囲が小倉山と呼ばれてきました。うちは昔から『修行寺』つまり、ここで修行して田辺などの大きな寺に入る、という役割の寺でした」。露谷《つゆたに》義祐《ぎゆう》住職（昭和三十二年生まれ）は穏やかな口調で話した。元々は真言宗または天台宗の寺だったようだが、室町時代に現在の宗派になった。何度も火災に見舞われ、そのたびに「中興開山」が現れた。

地域の人口減少に伴って檀家も減っていく。そんななかで二〇一七年に本堂を建て替えた露谷氏も「中興開山」の一人だろう。

彼から木地屋についてほかの言い伝えは聞

けなかったけれど、その昔、裏山の奥に木地屋たちがいてもおかしくない雰囲気はあった。『紀伊続風土記』の牟婁郡で木地屋が出てくる三番目は尾鷲郷中井浦の項だ。そこにある金剛寺の説明の中に次の一文がある。

> 木地引とて山中に住居する木地屋木屋《きじやごや》　負祢木屋《おいねごや》といふ両木屋の者あり　当寺これを支配す。木地引は近江国君が畑といふ処《ところ》の親王家の臣にて親王家断絶の後浪人となり諸国の深山に入り木地を引く事彼《かの》親王家より免許状ありといふ　然《しか》るに当御世切支丹類族の禁厳く是等《これら》の者紛らはしき故《ゆえ》　台命にて両木屋は伊勢山田の御師《おんし》出口信濃太夫　八野ツ兵部太夫の支配となる　然れとも紀ノ和深山に住居するもの宗門改《しゅうもんあらため》等伊勢の師職の行届きかたきに依《よ》りて当寺を頼みて支配せしむ　是より長く当寺の檀家となる　春夏の間徒弟をやり山山を廻り両木屋に至りて読経すといふ
>
> （『紀伊續風土記』㈢、歴史図書社、一九七〇年）

尾鷲山中の二つの木地屋グループが切支丹と関わらないように伊勢の御師（神宮参詣者

に宿の提供や祈禱の手配をした）に支配・監督させてきたが、遠い尾鷲まで監視の目が届かないので、金剛寺に彼らの監視役を任せた。木地屋たちは金剛寺の檀家となり、同寺の僧が春夏に山中に出向いて供養した、というわけだ。

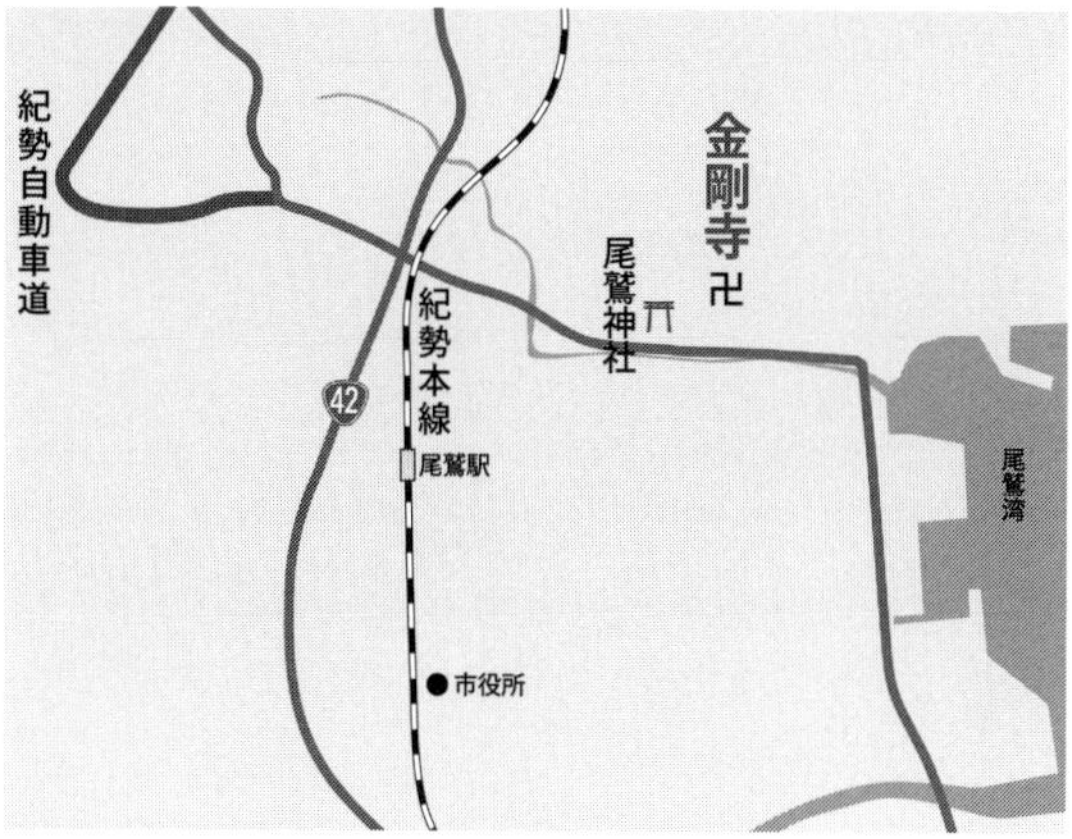

『尾鷲市史』上巻（一九六九年）によると、曹洞宗の金剛寺は「熊野五か寺」のひとつに数えられるほど寺格が高く、年頭には紀州藩主にお目通りを許されたという。

江戸時代、社寺の役割には「宗門改」と「人別《にんべつ》改《あらため》」があった。宗門改はキリシタン禁制を徹底させるため民衆を寺院に縛り付ける制度。江戸中期の享保年間以降は村々の人口の把握などを狙いとした人別改と合体し、後者の色合いが強まっていった。

木地屋や芸能者ら管内の漂泊民、飢饉《ききん》で村から逃げ出した農民などを掌握しておくことは為政者の危

曹洞宗の金剛寺（尾鷲市北浦町）

機管理策でもあった。「親王家が途絶えた後、木地引が浪人となった」という表現は『紀伊続風土記』の筆者の漂泊民に対する「視線」を物語る。

二〇一九年十月四日、三重県立熊野古道センター長の川端守氏と一緒に、尾鷲市北浦町にある金剛寺を訪ねた。寒中の例祭ヤーヤ祭で知られる尾鷲神社のお隣り、立派な山門をもつお寺だ。

昭和三十九年生まれの鬼頭宗弘《きとうしゅうこう》住職は次のように話してくれた。

「江戸時代にここを襲った水害や津波で幕末期以前の文書は何も残っていません。だから例えば過去帳から事実をたどることはできないのです。ただ江戸期の当寺は紀州藩からもらった寺領で賄われており、檀家はありませんでした。（『紀伊続風土記』に木地屋が金剛寺の）『檀家となる』とあるのは形式的にそうしたのでしょう。また木地屋を回って読経したとすれば、八か寺あった当寺の末寺が担当したのではないでしょうか」

尾鷲山中の木地屋たちは名刹《めいさつ》から春夏に僧侶が来てくれて喜んだだろうが、面倒を見る方は「お上のやっかいな頼み」と思ったかもしれない。

第十一話　各地の足跡

立派な位牌残し消える

田辺市中辺路《なかへち》町野中に住む作家、宇江《うえ》敏勝氏が「近露《ちかつゆ》の見松寺《けんしょうじ》に木地屋の位牌が残っているそうですよ」と教えてくれた。近露は同じ中辺路町で国道三一一号沿いだ。我が家から田辺や関西国際空港に行く途中、そこの「古道歩きの里」でよく一服する。そこから集落に入ったところに曹洞宗の見松寺がある。

友人の松本純一氏から大賀義和住職に一声かけてもらい、二〇一九年五月十六日に訪ねた。宇江氏も「近くなのに私も見ていないから」とやって来た。昭和二十六年生まれ、この寺の住職になって四十五年という大賀氏は、史料や手紙などを机いっぱいに並べて迎えてくれた。

「昭和六十年（一九八五年）初めのこと。本堂の屋根のふき替え工事の際、天井裏から位牌が十二基も見つかったのです。うち九基には木地屋名が刻まれていました」

いずれも高さ三十五センチ、幅八センチの位牌は舟形光背に黒漆、金泥仕上げ、頭冠に日輪と雲形が彫られている立派なもの。かなりの財力のある一族だったことをうかがわせる。

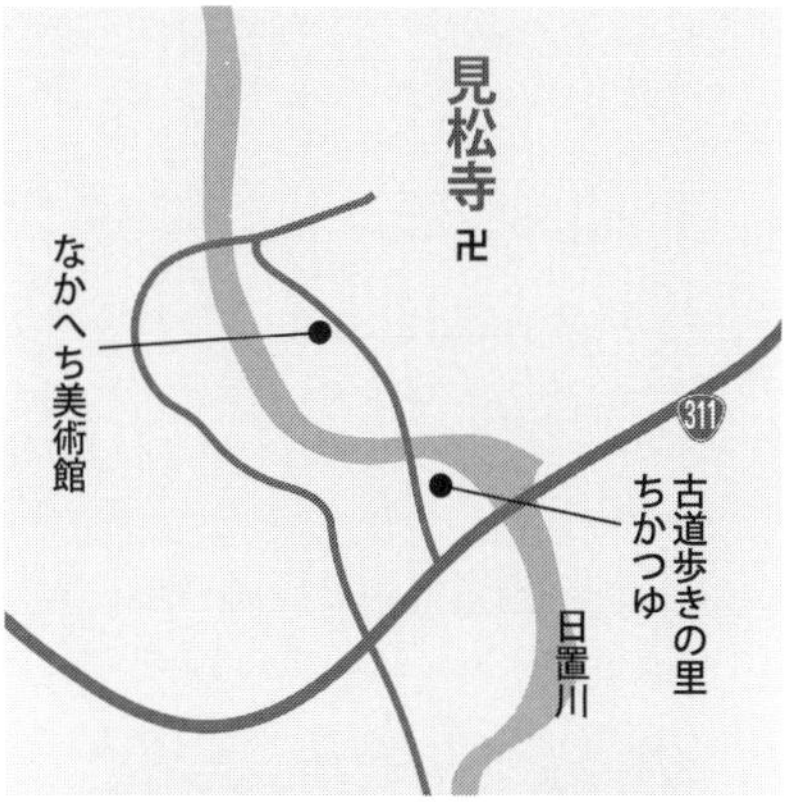

木地屋一族が残した位牌（中辺路町近露の見松寺）

中辺路町文化財審議委員会の調査によれば「木地屋」の銘がある位牌はたとえば次のようだ。

西風妙寒信女
木地屋伊左ヱ門ノ母　宝永元年（一七〇四年）十月二十日

寿保妙仙大姉
木地屋七左ヱ門ノ母　宝永八年（一七一一年）二月二十一日

旭岑《きょくしん》道光信士
芸州住人　木地屋治郎兵衛　正徳五年（一七一五年）四月四日

単宗遊伝信士
木地屋伊左ヱ門ノ父　享保元年（一七一六年）六月六日

仙渓妙寿信女
木地屋吉左エ門ノ母　享保二年（一七一七年）九月五日

芸州は現在の広島県である。正徳元年（一七一一年）三月二十七日に亡くなった勘左エ門の位牌には木地屋の銘はないが、「石州美濃郡匹見《ひきみ》村［現在の島根県益田市匹見町］之生縁《しょうえん》［生まれ］」とあり、遠く広島や島根からこの地にやって来たことがわかる。

十二基の位牌のうち一番古いのは元禄二年（一六八九年）五月十二日付の「江山玄妙大姉　横矢野右門ノ母」とある位牌で、木地屋の母親であろう。

元禄二年から享保二年まで三十年足らずの間に、山中の漂泊者には似合わない立派な位牌を残したのは、どんな人たちだったのか。

位牌は見松寺の末寺として江戸末期まで近くにあった中曾《ちゅうそ》（祖）庵に祀られ、中曾庵が見松寺に併合された時、同寺に運ばれたらしい。この中曾庵が木地屋一族の寺であったのだろう。

今の田辺市本宮町、中辺路町あたりは木地屋が活躍した舞台で、彼らの元締めである近江小椋谷の蛭谷、君ケ畑から氏子狩《うじこがり》（氏子駈《うじこがけ》）がしばしば回ってきた。見松寺の位牌の年代近くでは、蛭谷から元禄七年（一六九四年）、宝永四年（一七〇七年）、享保五年（一七二〇年）に、君ケ畑からは元禄七年にやって来た。

その頃の巡回記録に見松寺に残る位牌に刻まれた木地屋の名前が載っていないか探した。宝永四年の「へいじ川この木地屋」（現・本宮町平治川）で七左衛門が六分を寄進している。宝永八年に亡くなり「寿保妙仙大姉」という戒名をもつ女性の息子と同名である。平治川は近露の東方でさほど遠くないが、ふたりの七左衛門が同一人物かどうか、それだけではわからない。

結局、この木地屋一族・集団がどこからきて、どこに移動したのか、肝心なことは不明である。いったん里近くに下り、本業のほか炭焼きなどで財を成したが、漂泊の民らしく「寅さん」のようにまたふらりと立ち去った。位牌を見ながら、私はしばしそんな想いにひたった。

和歌山県西牟婁郡白浜町の国道四二号沿いに鎮座する日《にち》神社に木地屋が寄進した狛犬《こまいぬ》がある。そんな情報をくれたのは友人の神保圭志氏だ。二〇一九年七月十八日、関西国際空港からの帰りに国道を南下して、白浜町十九渕《つづらぶち》にある同社を訪ねた。社伝によれば、平安時代の仁安《にんあん》二年（一一六七年）に藤原範秀が所有の山林を開拓して伊勢神宮から天照皇大神《あまてらすおおみかみ》を勧請したという古社である。

大坂の木地屋が寄進した狛犬（白浜町の日神社）

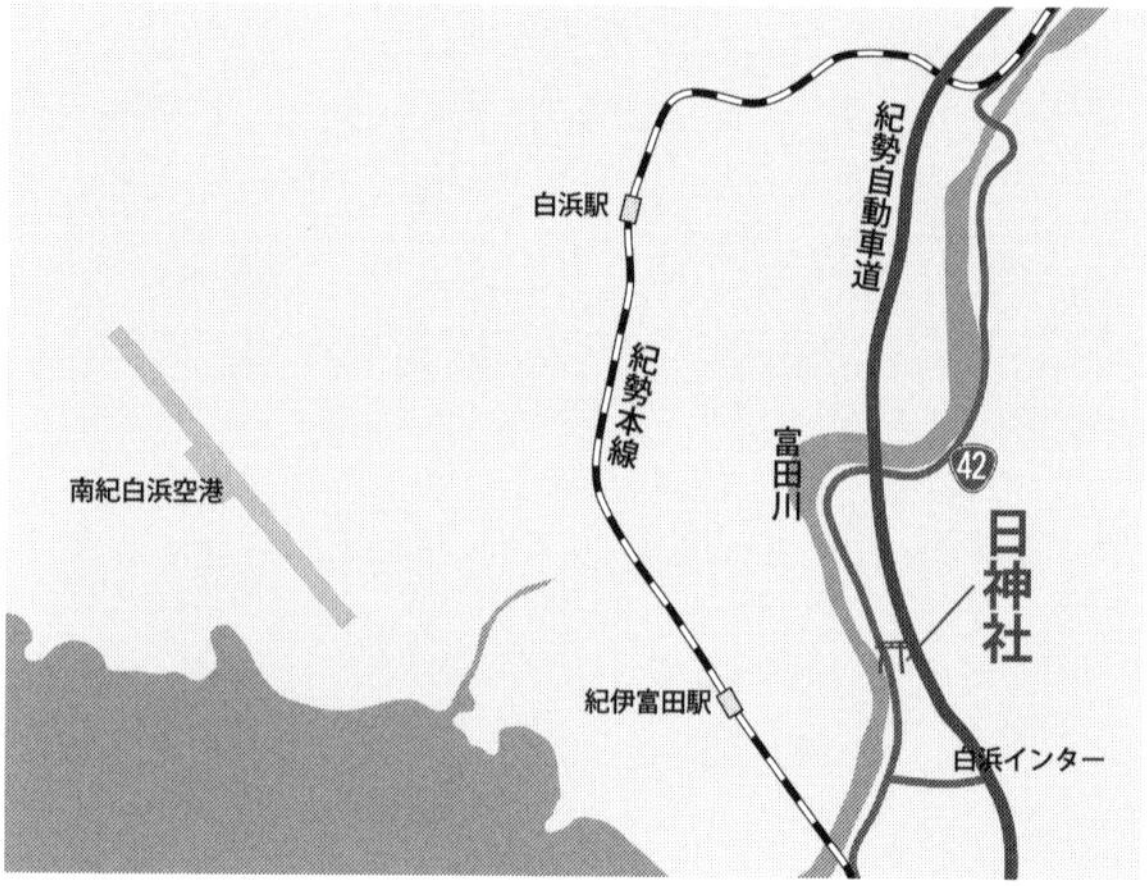

本殿に上る階段の両脇に構える狛犬はすぐわかった。台座には左右とも「大坂寺嶋町　木地屋伊右衛門」と彫ってあり、向かって右手の台座には「嘉永五年（一八五二年）四月」と刻まれている。私の訪問に先立って狛犬を見てくれた白浜町教育委員会の佐藤純一学芸員によれば「地元の石材（砂岩の富田石）が使われていないのが他の石灯籠と異なる」そうだ。

社務所に声を掛けたら、運よく宮司の吉田隆氏がいらした。昭和二十七年生まれ、三十二代目の宮司だという。突然の訪問だったが、親切に招き入れ、話をしてくれた。

「当社の氏子は九つの区に所属しています。そのひとつ中《なか》地区は富田川の河口で海運が盛んでした。中地区の鎮守であり、現在当社の兼務社となっている金刀比羅《ことひら》神社には灯籠

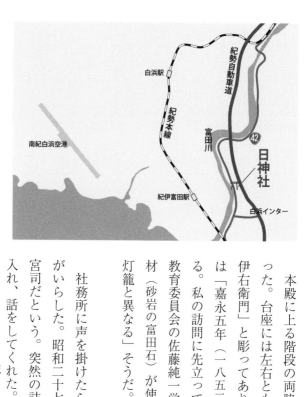

や狛犬など大坂商人の寄進がたくさんあります。日神社は秀吉の紀州攻めで焼かれ、江戸後期に再建されましたが、そのときに大坂商人の多大な支援があったようです。狛犬もそのひとつでしょう」

天下の大坂商人と山中にひっそり暮らす木地屋とのギャップは大きい。「木地屋　伊右衛門」は果たして何者だろうか。

これはひとつの推測だが、「伊右衛門」は椀《わん》や盆を作る職人ではなく、それら木地物を扱う商人だったのではなかろうか。たとえば紀州の黒江村（現・和歌山県海南市黒江）は漆器の産地として古くから知られている。「伊右衛門」は木地師たちから木地物を集め、漆器を売り買いすることで財を成した人物だったかもしれない。

もうひとつ、木地屋の足跡を示す石碑が尾鷲市賀田《かた》町の国道三一一号沿いにある。賀田に住む大川善士氏が教えてくれた。石碑は伊勢と熊野三山を結ぶ伊勢路が通い、古川が賀田湾にそそぐ橋のたもとに建つ。正面に南無妙法蓮華経の日蓮名号《みょうごう》、側面に木地亀蔵と建立者の名が彫ってある。

郷土史家の伊藤良氏がまとめた『ふるさとの石造物』（尾鷲市郷土館友の会、一九八〇年）

によると、地元の曹洞宗東禅寺の信徒だった木地亀蔵が明治二十六年（一八九三年）に建てた。もともと旧賀田村のはずれにあったが、国鉄紀勢線の建設で現在地に移転されたという。

木地亀蔵が明治時代に建てた名号碑（尾鷲市賀田町）

木地屋には小椋とか小倉という姓が多いが、建立者はずばり「木地」姓。その家系の方に事情をうかがいたいと思っていたら、ひょんなことで実現した。木地亀蔵から三代ほど後になる木地孝嘉《たかよし》氏と連絡が取れたのである。

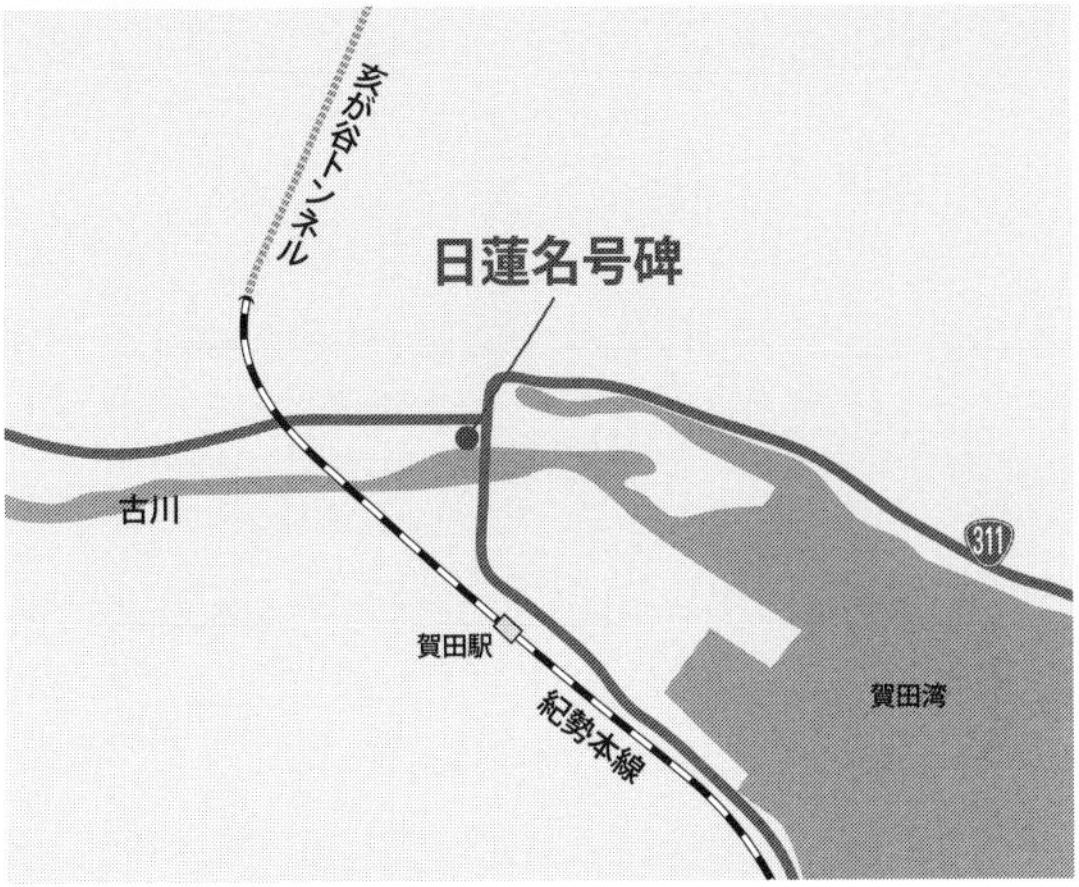

愛知県あま市に住む孝嘉氏は、熊野市飛鳥町池の宿《しゅく》にご一緒した小倉章睦《あきちか》氏と同様、幕末に椎茸栽培などでひと財産築いた小椋長兵衛の末裔だったのだ。章睦氏からそのことを聞かされ、私は不思議な縁を感じた。

昭和十六年生まれの木地孝嘉氏によれば、長兵衛の子吉左衛門は女の子ばかりだった。彼は賀田に嫁いだ娘の家系だという。「小椋姓から木地姓になった理由はよくわかりませんが、明治に戸籍を作るとき職業にちなんで木地としたのでしょう。そこには養子縁組も絡んでいたようです。尾鷲にも同じ苗字の女性がいました」と孝嘉氏は語る。

それにしても禅宗寺院の信徒がなぜ日蓮上人が唱えた「南無妙法蓮華経」なのだろうか。それについて『ふるさとの石造物』はあらまし次のように解釈している。

明治二十五年から二十六年は対外的に多難な時代で、特に朝鮮を舞台にして、属国にしようとする清国、南下のロシア、拠点を持とうとする英国など、日清戦争（一八九四年―一八九五年）の素地ができていた。そんな中で木地亀蔵は（十三世紀に蒙古の襲来を予言した）日蓮の例にならい、日本の国運を祈ったのである。

そうだとすれば宗派に縛られない自由な発想だ。それも木地屋の「血」だろうか。

第十二話　宇江氏インタビュー　失われたものへの哀惜

木地屋について取材をしてきて、作家宇江《うえ》敏勝氏の話をじっくり聞いてみたくなった。彼は一九三七年（昭和十二年）尾鷲市の生まれ。炭焼きの家で育ち、和歌山県立熊野高校を卒業後、熊野の山林で造林に従事する傍ら、山の生活や動植物、人びとの信仰などを瑞々《みずみず》しい筆致で描いてきた。宇江さんならば木地屋など山中に暮らした人びとの心情がわかるのではないか。そんな気持ちで二〇一九年十一月二十七日、田辺市中辺路《なかへち》町野中のお宅にうかがった。

――木地屋たちが紀伊・熊野の山中にいたのはせいぜい大正時代まででしょうから、その

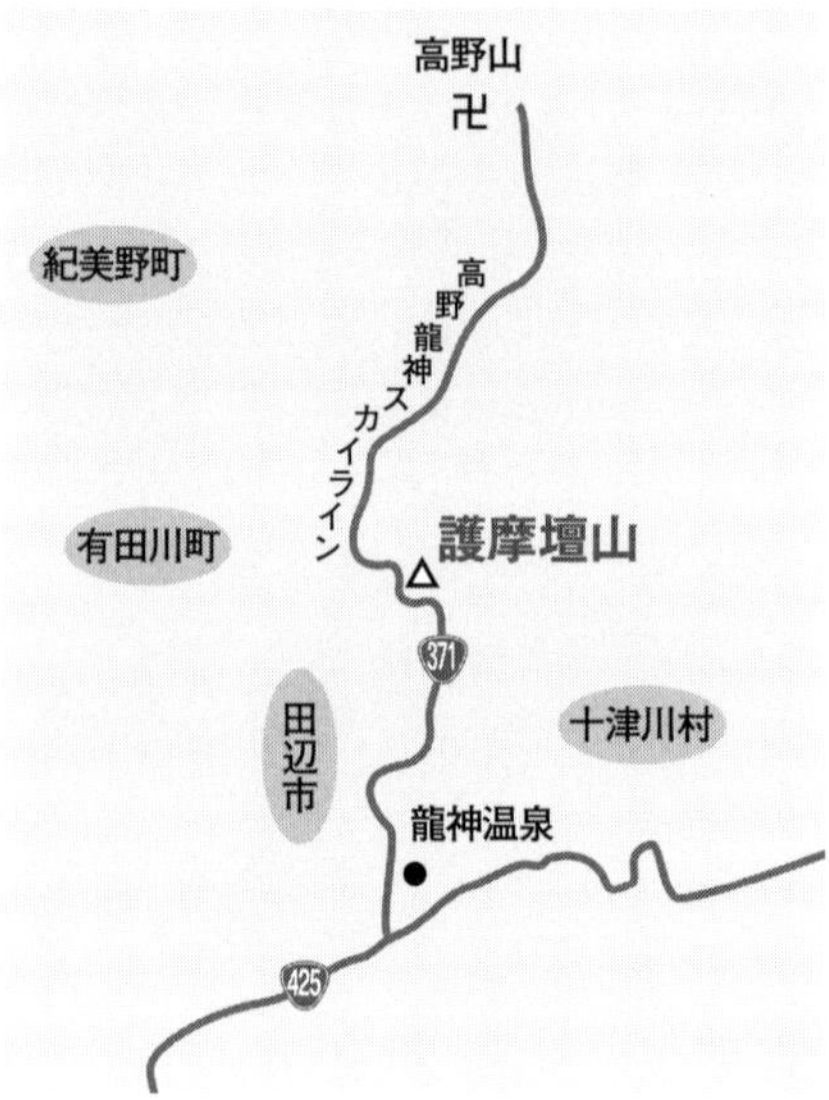

生活を直接ご覧になっていないと思いますが、話やエピソードはお聞きになっているでしょうね。

「田辺市と奈良県十津川村の境にそびえる護摩《ごま》壇山《だんさん》の周辺には木地屋が多くいて、漆器で有名な黒江村などへ木地物を出していました。私が聞いたのはもっぱら、そのあたりの話です。

まず龍神村（現・田辺市龍神村）の滝本修三さん（大正五年＝一九一六年生まれ）。『足踏みロクロをもっている人がいる』と炭焼きの小川益次さんから教えてもらい、会いにゆきました。一九八八年のことです。

足踏みロクロは私のスケッチのようにロクロの芯棒《しんぼう》に巻いた綱を踏み板に付けたもので、芯棒の端に木地を固定させ、カンナと呼ぶ刃物で削ります。ロクロが手挽きから足踏みにかわったのは明治末から大正初めだそうです。その後、昭和に入って機械式が普及します。

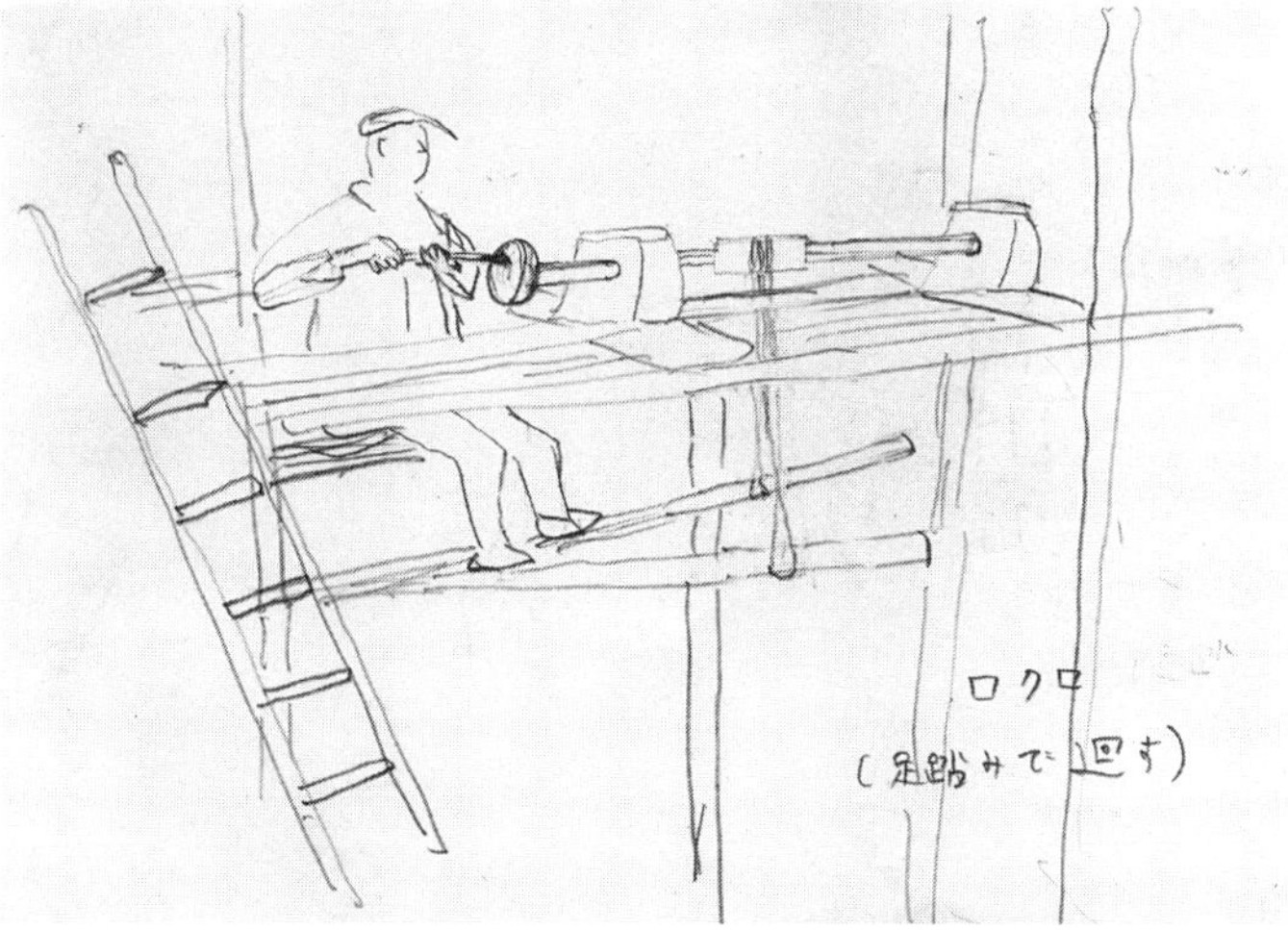

足踏みロクロを操作する滝本修三氏とそのスケッチ(写真撮影とスケッチは宇江氏。1988年11月、龍神村で)

滝本さんの父親（明治十三年＝一八八〇年生まれ）は木地屋たちを使って製品を黒江に卸す商売をしていました。滝本さんは子どもの頃、彼らの作業を見ていたでしょう。足踏みロクロを実演してくれました」

「木地作りは『先山師《さきやまし》』『マルメ師』『カンナマイ師』の分業でした。サキヤマが原木を伐り、一定の長さに切って山小屋まで運ぶ。それをマルメが椀《わん》や盆などの丸い形にする。最後にロクロにかけるのがカンナマイです。できた製品（木地物）は『カチンボ』と呼ぶ運搬人が里まで背負い、帰りに食料品などを上げたのです」

滝本さんを宇江さんに紹介した小川益次さん（明治四十年＝一九〇七年生まれ）は炭にならない太いミズメを木地屋に伐らしてやったり、炭焼き小屋に差し掛け（壁面から片流れの屋根を付けて雨をしのぐ）をして寝起きさせたりしたそうだ。龍神村五百原《いもはら》というところで、乱伐した木地屋が追い出される出来事もあったという。

——木地屋についてほかの話もお聞きになりましたか。

「龍神村大熊の小口《こぐち》政太郎さん（明治三十五年＝一九〇二年生まれ）は父親が木地屋で、小学生時代その山小屋で暮らしていました。父親の親方は黒江に住んで、護摩壇山の南側で原木を買い付け、木地屋たちに『賃刳《ちんくり》』という出来高払いの仕事をさせていました。原生林のうち黒木《くろき》と呼ばれるモミ、ツガなど針葉樹は建築用にキンマ（木馬）で運び出し、カシ類は炭焼きが炭に焼き、トチ、ケヤキ、ミズメなどは傘下の木地屋たちが加工して、カチンボが運んだのです。

　小口さんは『アリゴ谷にいた時、小川重松というサキヤマが崖から落ちて死んだ。夜、火を焚いて遺体の守りをしていたら、狼がやってきた』という話もしてくれました」

「木地屋の中には清水町（現・有田郡有田川町）に住んでいた広井直次郎（明治四年＝一八七一年生まれ）のような分限《ぶげん》

木地屋を語る宇江敏勝氏（田辺市中辺路町野中の自宅で）

者《しゃ》もいました。護摩壇山と高野山の間の笹の茶屋で、宿屋も兼務する大きな茶屋をお妾《めかけ》さんにやらせていた。その辺りで五十家族の木地屋を束ね『賃刳』をさせて製品を黒江に卸していたそうです。

彼の話は直次郎の娘婿、亀井広吉さん（明治三十年＝一八九七年生まれ）から聞きました。そのとき九十歳ぐらいでした。『笹の茶屋付近の木地屋は大正の終わりにはいなくなった』と言っていました。製品には親碗（飯椀）、汁椀、平椀、菓子椀、鉢、盆、高坏《たかつき》、八《はち》重椀《じゅうわん》（四種の椀（蓋《ふた》と身を合わせて八つ）を収納できる）、六重椀、五重椀などいろいろあったそうです」

――木地屋たちが龍神辺りの山中からいなくなった原因はなんだったのでしょうか。

「木地の需要、原木の減少といった事情もあったでしょうが、ロクロの機械化が大きかったのではないかと思います。亀井さんは『黒江に出す木地が機械挽きになったため、笹の茶屋付近から木地屋が消えた』と私に語りました。

林道ができ、トラックなど新しい輸送手段が登場すれば、原木の近くで加工する必要がなくなります。消費地や漆器の生産地の近くに機械式ロクロを据え、生産すればいいからです。こうして木地屋たちは黒江の後背地に集まるようになりました。小口政太郎さんは『大正の終わりから昭和の始め頃、龍神村大熊で青田正一という人が機械挽きを始めた。そのあたりから木地屋の変化が大きくなった』と言っていました。

　これは炭焼きも同じです。昔は原木のある山中に窯《かま》を作り、木がなくなると他に移った。トラックが通れる道ができれば、不便な暮らしをしなくても里に大きな窯を作り集中生産すればいいからです。熊野川や北山川から筏師《いかだし》がいなくなった背景も、それに似ているかもしれませんね」

——木地屋やサンカ（農具の箕《み》を作ったり、川魚を売ったりする人）、踏鞴師《たたらし》（製鉄に従事した人）など山間に暮らした漂泊民は、里人、とりわけ稲作農民からは特異な目で見られることも少なくなかったでしょう。そこには好奇心、ある種の憧《あこが》れ、そして偏見や差別の混じった眼差しがあったように思われます。山中の生活を熟知した宇江さんはどうお考えになりますか。

「（「山人」の存在を追い、稲作農民に代表される「常民」論に行きついた民俗学者の）柳田國男は『里人の目』であったと思います。

私は両親が炭焼きで、私自身も炭を焼きました。その体験から『山と里』との関係や距離を考えてみたい。

炭焼き小屋には郵便配達もありません。里の情報を得るには、一番近い集落の人と仲良くしていなければいけない。そのために商品にならない炭をあげたり、『山の神』に捧げたボタモチは必ず里の人に食べてもらったりしました。親からは『たとえ木になった柿一つでも、里のものに手を出してはいけない』ときつく言われました。それぐらい里の人との関係には気を使ったものです」

「木地屋も同じように、里人とうまくやるように努力したと思います。里人からすれば、木地屋もサンカも炭焼きも同じように見えたかもしれません。あの中上健次（新宮市出身の作家）でさえ、ある男性について『あの男はサンカではないか』と私に聞いたことがあります。その男は炭焼きでした。

一方で、小作など土地に縛られ、地主にこき使われた農民は、炭焼きや木地屋を『自由でいいなあ』と思っていたかもしれませんね」

——今はもういない山の漂泊民に「ロマン」を感じる人は少なくないでしょう。私もその一人です。宇江さんは自身の体験や老人たちから聞いた話を基に精力的に「山」を語り、書き続けて来られました。何がそうさせているのですか。

「ひとことで言えば『哀惜《あいせき》の念』です。本来あるべき自然と人間の関係が年々失われてゆく。本質的に大事なものが失われてゆくことへの哀惜と危機感が私を執筆に駆り立てます。

文章を書いていて『今の熊野と昔の熊野は違う。山にはたくさんの種類の木があり、川には魚がいっぱいいいた。動物たちもいなくなった』といった思いがこみ上げてきます。せめて活字を通じて以前の姿、自然と人間の本来の関係を伝えたいのです」

第十三話　黒江は今　「木地屋」があった

宇江敏勝氏の話のように、護摩壇山の周辺で大正時代まで仕事をしていた木地屋たちの製品の多くは漆器の産地黒江村（現在の和歌山県海南市黒江）に運ばれた。海南市歴史民俗資料館発行の「紀州漆器のまち黒江」（二〇一三年）と和歌山県立紀伊風土記の丘が編集した「漆器の黒江」（二〇〇一年）を参照して、どんなところかのぞいてみよう。

黒江塗の起源ははっきりしないが、江戸初期の寛永十五年（一六三八年）に松江重頼が編纂した『毛吹草《けふきぐさ》』という俳諧の作法書に「紀伊黒江渋地椀《しぶちわん》」として登場する。渋地とは高価な漆《うるし》の代わりに、柿渋に木炭の粉を合わせ刷毛《はけ》で塗るものだ。日用品を大量に作る産地として売り出したことになる。

紀州藩はこの技術を守るため職人の組合を作り、特権を与えて保護・統制した。文化九年（一八一二年）の『紀伊国名所図会』第二編は黒江の繁盛ぶりを次のように語る。

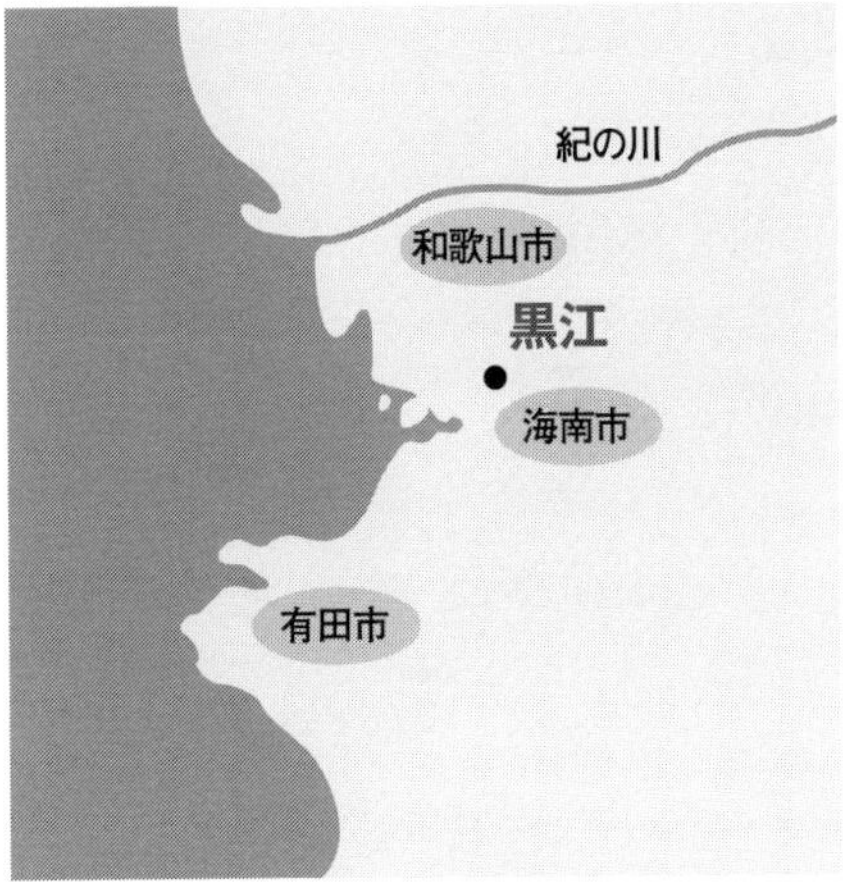

黒江椀　此地専《もつぱら》渋地椀を拵《こしら》ふることを所作《しよさ》として、四国・西国路《さいごくじ》及関東迄もあきなふ。海陸の便《たより》よし、工商軒をつらねて、錐《きり》を立つる間《ひま》もなく、はんじやう富饒《ふじよう》の地なり。

（『紀伊名所図会』㈡、歴史図書社、一九七〇年）

「キリを立てる場所もないほど家が並んで栄えている」というのは大げさだが、その頃黒江の人口は奉公人や見習の職人などを含めて五千人ほどだったという。

明治に入ると販路は海外にまで広がる。明治十六年（一八八三年）の日本の輸出漆器の五七％は

黒江塗の名を広めた渋地椀（紀州漆器伝統産業会館の展示室で）

黒江塗で、輸出量は明治二十年代から三十年代がピークだったという。

大正時代から昭和前期にかけて、都市の発達や生活の向上を背景に黒江漆器は量産され盛況だったが、戦時下で木材・漆・金粉など材料が手に入りにくくなり、統制によって業者の活動も制約された。戦後は木地屋や漆塗りの職人が減る一方、昭和三十年頃からプラスチック素材が台頭した。昭和五十三年（一九七八年）、紀州漆器は国の伝統的工芸品に指定され、日用品と伝統工芸品の「ふたつの顔」をもつ産地として存続している。

では椀や盆などにする「木地」はどこ

から来たか。

江戸時代、黒江への木地の供給地は同県内のほか美濃、安芸《あき》、阿波、伊勢など全国に広がっていた。原木のある山中で木地屋が轆轤を挽き、製品は黒江に運ばれた。それが明治、大正、昭和と木地作りの場所がだんだん黒江に近づいてくるという推移をたどった。

武蔵野美術大学教授の加藤幸治氏は和歌山県立紀伊風土記の丘の学芸員だった二〇〇八年当時、県内の木地職人について解説を書いた。

それによれば、明治以降、黒江の後背地にあたる貴志川中流域が木地生産の中心地として台頭してくる。貴志川中流域の和歌山県海草《かいそう》郡美里町（現・同郡紀美野町）の木地作りの最盛期は大正末期だった。しかし加藤氏の現地調査によると、昭和三十年代には旧美里町勝谷《かちや》に二軒、田《た》に三軒、毛原宮《けばらみや》に一軒、岩出《いわで》市宮《みや》に一軒だけになったそうだ。

二〇一九年十二月七日、私は黒江を訪ねた。和歌山市から国道四二号を下り、海南市に入って県道を北へ少し入ると紀州漆器伝統産業会館がある。黒江の漆器を販売しており、二階にはその歴史を語る展示室がある。受付にいた紀州漆器協同組合の田中明子さんに聞いた。

川端通りの裏手の町並み。壁に立てかけられているのは「くろめ鉢」。漆を精製する道具だ

「私がここで勤め始めた二〇〇四年には、もう組合員に挽物《ひきもの》を作る方はいませんでした。組合員ではありませんでしたが、和歌山市と美里町（現在の紀美野町）に一人ずつおられたようです。当時すでにご高齢とお聞きしていました」

「お椀など刳物《くりもの》、挽物の木地は主に中国からの輸入です。お盆、箱物の材料の多くは中質繊維板（MDF）と呼ばれる合板（繊維化した木材チップに合成樹脂を加えて成型する）になっています。全体として、今の黒江の漆器の主流はプラスチックにウレタン塗料など合成塗料を吹き付け

「木地屋」の店頭に立つ木下弘一氏

て仕上げる製品です」
木地屋が姿を消し、木地がプラスチックに変わった。純粋に漆を使う塗り師もわずかになったそうだ。産地のそんな変容はちょっと寂しい気もするが、これも時代の流れであろう。

漆器店が何軒か並ぶ表通りは「川端通り」とも呼ばれる。昔ここには掘割があって、木地を運んだり、製品を出荷したりする船が出入りしていた。

漆器店の中に「木地屋」の看板が掛かる店があった。インターフォンを押すと木下弘一《ひろかず》氏と奥さんの孝子さんが現れた。弘一氏は昭和八年生まれ。黒江漆器を全国に販売してきた家系に生まれた。

「うちの本家は木下重蔵という人が始めた木重《きじゆう》漆器店です。私の祖父の代に分家し、『木地屋』を名乗りました。昔この辺りには『木地屋何兵衛』といった人が多くいたそうです。木地物を作る人ではなく、製品を扱う商人でしょう。祖父はそこから屋号をとったようです」

「結婚した昭和三十三年（一九五八年）ごろから、盆などの製品見本を風呂敷に包み、弟たちと手分けして東は東京、会津、仙台辺りまで、西は岡山や広島まで商談に出向きました。それを『売り』といいました。地元の卸や小売店を回り注文を取るのです。かれこれ五十年余り産地問屋をしておりました」


木地物や塗物を扱う商人が「木地屋」と名乗ったのは『永源寺町史』の氏子駈帳を見てもわかる。例えば元文《げんぶん》五年（一七四〇年）の蛭谷からの氏子駈では、「紀州黒江木地屋中」として二十人が、「黒江問屋中」からは六人が初穂代などを納めたことが記録されている。氏子駈は延享《えんきよう》元年（一七四四年）、安永三年（一七七四年）、安永九年（一七八〇年）にも黒江村で集金した。奉納した人の多くは木地物や塗物を扱う商人だったと思われる。

「木地屋」漆器店は今も家の中に椀や盆、箸などを並べているので、観光客が立ち寄る。私はケヤキから作った朱塗りのやや大きめの椀をいくつか求めた。

あとがき

定年後は生まれ育った東京を離れ、関西で古代史に挑戦しよう。

そう決めて、奈良県明日香村に六年、三重県熊野市で九年余り暮らし、物書きをしてきた。これまで念頭に置き、ときに謎解きに迫ったのは、もっぱらこの国の古代だった。

木地屋は違う。彼らが紀伊・熊野の山中で活躍したのは主に江戸時代である。それは近江の小椋谷から各地を回った氏子狩《うじこがり》、氏子駈《うじこがけ》の記録からわかる。なぜ私の関心が古代から一気に近世に飛んだのか。背中を押してくれたのは熊野市歴史民俗資料館の更屋好年《さらやよしとし》館長だった。

二〇一九年二月半ばのこと。彼から私と、当地で長年お付き合いいただいている向井弘晏《ひろやす》氏に「木地師展をやりたいのだが、協力してくれないか」との誘いがあった。私は二つ返事で引き受けた。木地屋に興味があったからである。

明日香村に借家して一年ほど経った二〇〇六年四月から、私は朝日新聞奈良版に「大和の鎮魂歌」と題する週一回の連載を四十四回続けた。崇峻《すしゅん》天皇、蘇我入鹿《そがのいるか》、有間皇子《ありまのみこ》、十市皇女《とおちのひめみこ》、大津皇子など飛鳥は多くの悲劇の主人公を生んだ。そして今なお彼ら彼女らに同情し「その霊よ安らかなれ」と祈る人々がいる。歴史の深さと臨場感に惹《ひ》かれ、二十一人を選んで私なりの「鎮魂歌」を綴った。その中で木地屋が祖神と仰ぐ惟喬《これたか》親王を取り上げた。

飛鳥から熊野に向かう道中の奈良県川上村の高原集落には「惟喬親王はここに隠棲《いんせい》され、ここで亡くなった」という伝承があり、気の毒な親王を慰める法悦祭《ほうえつさい》がお盆に行われてきた。祭りの「神主」になると日常生活の禁忌も厳しく、私が話を聞いた当時も「肉は食べない」「葬式にも出ない」などが守られていた。高原集落は海抜六百メートル近い山里だ。木地屋たちがその辺りで暮らし、惟喬伝承を残したのだろう。

惟喬親王と木地屋集団を知るため、東近江市の君ケ畑を訪ねて小椋昭二氏に会った。蛭谷の木地師資料館も見学した。この本の冒頭に書いた通りだ。「木の国」紀伊・熊野には木地屋の足跡、言い伝えがあちこちに残っているはずだ。それを追ってみたい。私の中の「記者」が頭をもたげ、更屋氏に即答した。

年号が平成から令和にかわった二〇一九年十月八日から十三日まで、ＪＲ熊野市駅前の文化交流センターで「木地師　その伝統としごと」展が開かれ、最終日に私が「木地屋紀伊の森の漂泊民」という題で話をした。台風が通り過ぎた翌日だったが百人もの人が聴きに来てくれた。このギャラリー・トークの前後、あちこちを取材し、『熊野新聞』に九月十八日付から十二月二十九日付まで十六回連載したものが本書だ。連載では同社の竹原卓也編集制作室長の手を煩わせた。今回出版にあたって一部書き足したほか、「黒江は今」を加えた。

連載や本のタイトルを「木地屋幻想」としたのには、ちょっとした思いがある。木地屋たちとその家族がトチやブナ、ケヤキ、ミズメなどの木々を求めて山中を漂泊し、その彼らのもとへ氏子狩、氏子駈と呼ばれる集金人が回ったのは近代の初めまでだ。今となっては誰も実見していないから、私の「幻想」の余地もあろう。

もうひとつ、木地屋と彼らを束ねる近江・小椋谷の社寺は、惟喬親王を祖とし、蛭谷と君ケ畑を故郷にするという「共同幻想」の世界に生きた。木地屋の「共同幻想」は甘美であるだけでなく、双方に実利ももたらすシステムだった。

「木地屋」と「木地師」についても一言触れたい。私は「木地屋」を使う一方、企画展には木地師資料館など使用例の多い「木地師」がいいと薦めた。氏子狩（氏子駈）帳をみると、江戸中期までは「木地屋」表記で、専門書も「木地屋」と書く例が多い。一方、江戸後期、幕末になると「木地師」が出てきて、墓にも「木地師」と彫られるようになる。その方が専門職のようで恰好がいいからだろうか。私は「木地屋」の語感が好きなのでそちらを用いるが、「木地挽《きじびき》」「木地引」「轆轤師《ろくろし》」ともいうから、呼称は特定しなくてもいいと思う。

古代と比べれば近世は史料に恵まれているとはいえ、山の漂泊民についての文献は少ない。氏子狩（氏子駈）帳を年次別にまとめた『永源寺町史』木地師編上下巻は、私にとって「バイブル」だった。それを編集、出版した方々に敬意を表するとともに、熊野市歴史民俗資料館所蔵の『永源寺町史』を提供してくださった更屋氏にお礼を申し上げたい。

松本純一氏、向井弘晏氏、上野一夫氏、神保圭志氏らには今回もお世話になった。和歌山県立紀伊風土記の丘・主査学芸員の蘇理剛志《そりたけし》氏から、いろいろ資料をいただいた。また木地屋の歴史に詳しい奈良県文化財保存課の森本仙介氏の助言も役立った。

敬愛する作家、宇江敏勝氏にはインタビューで興味深いお話をうかがった。聞き取りをした相手の生年まで記録した詳細なメモには元記者の私もうなった。足踏みロクロの写真やスケッチは貴重な史料である。なお、その足踏みロクロの写真を除いて、本書に載せた写真は全て筆者が撮った。

この本の編集は「七月社」を立ち上げた西村篤氏にお願いした。前社時代に拙著『古代の禁じられた恋』『祈りの原風景』を手掛けてくれた編集者である。

今回の取材では、人との触れ合いやつながりの不思議さも感じた。幕末の成功者小椋長兵衛の末裔小倉章睦《あきちか》氏を津島市に訪ねる前日、更屋氏が熊野市飛鳥町に住む大江一春氏の家に別件で行くことを知った。小倉長兵衛が身代を築いた飛鳥町池の宿《しゅく》を熟知している大江氏にはぜひ会いたいと思っていた。

「一緒に行きたい」とお宅にお邪魔し、本文にあるように、小椋長兵衛の屋敷跡で彼が戦中戦後に拾った古銭を見せてもらった。九十歳の大江氏はその後、小倉氏が希望した池の宿探索に付き合ってくれた。それがなければ、小倉氏が先祖の屋敷跡に出会うこともなかったろう。偶然の出会い触れ合いが歴史の扉を開いてくれる。これだから取材は面白く、やめられない。

二〇二〇年五月　　桐村英一郎

［著者略歴］

桐村英一郎（きりむら・えいいちろう）

1944年生まれ。慶應義塾大学経済学部卒。朝日新聞社入社後、ロンドン駐在、大阪本社、東京本社経済部長、論説副主幹などを務めた。2004年11月末の定年後、奈良県明日香村に移り住み、神戸大学客員教授として国際情勢、時事英語などを教える傍ら古代史を探究。2010年10月から三重県熊野市波田須町に住んでいる。三重県立熊野古道センター理事。

著書は『もうひとつの明日香』『大和の鎮魂歌』『ヤマト王権幻視行』『熊野鬼伝説』『イザナミの王国　熊野』『古代の禁じられた恋』『熊野からケルトの島へ――アイルランド・スコットランド』『祈りの原風景――熊野の無社殿神社と自然信仰』『熊野から海神の宮へ』『一遍上人と熊野本宮』。共著に『昭和経済六〇年』がある。

木地屋幻想《きじやげんそう》——紀伊《きい》の森《もり》の漂泊民《ひょうはくみん》

2020年6月2日　初版第1刷発行

著　者……………………桐村英一郎
発行者……………………西村　篤
発行所……………………株式会社七月社
〒182-0015 東京都調布市八雲台2-24-6
電話・FAX 042-455-1385
印　刷……………………株式会社厚徳社
製　本……………………榎本製本株式会社

Printed in Japan ISBN 978-4-909544-08-7 C0039